讲座丛书
第一编

◎ 周和平　主编

文津演讲录

WEN JIN YAN JIANG LU

之十一

國家圖書館出版社

图书在版编目(CIP)数据

文津演讲录之十一 / 周和平主编. —北京:国家图书馆出版社,2013.11

(讲座丛书第一编)

ISBN 978 - 7 - 5013 - 5175 - 6

Ⅰ.①文… Ⅱ.①周… Ⅲ.①社会科学—文集 Ⅳ.①C53

中国版本图书馆 CIP 数据核字(2013)第 216040 号

书 名	文津演讲录之十一	
著 者	周和平 主编	
编辑小组	赵大莹 曹菁菁 孟化 张毅 易鑫磊	
责任编辑	许海燕	

出 版 国家图书馆出版社(100034 北京市西城区文津街 7 号)
　　　　　(原书目文献出版社,北京图书馆出版社)

发 行 010 - 66114536　66126153　66151313　66175620
　　　　　66121706(传真),66126156(门市部)

E - mail btsfxb@ nlc. gov. cn(邮购)

Website www. nlcpress. com→投稿中心

经 销 新华书店

印 装 北京华正印刷有限公司

版 次 2013 年 11 月第 1 版　2013 年 11 月第 1 次印刷

开 本 880 × 1230(毫米)　1/32

印 张 5.625

字 数 165 千字

印 数 1—1000 册

书 号 ISBN 978 - 7 - 5013 - 5175 - 6

定 价 28.00 元

前　言

国家图书馆古籍馆，曾经被众多的读者亲切地称为"老北图"，在20世纪50年代，就因成功地举办学术讲座而为社会各界人士所称道，老舍等一代文化巨匠都曾作为这里的主讲人传道授业、答疑解惑。2001年新年伊始，国家图书馆分馆（现古籍馆）为继承"老北图"的优良传统，为适应知识经济时代对图书馆扩展文化功能，全方位、多角度传播文化信息的客观要求，举办了以传播中华传统文化为主旨的名人系列讲座。昔日曾亲耳聆听老一辈学界泰斗教诲的莘莘学子，如今也作为各学界的骄子走上这神圣而庄重的讲坛。

数年来，我们举办了文史、政经、音乐、美术等系列讲座数百场，听众数万人次。从他们渴望的目光里，我们感到了肩上的重任；从他们满意的笑容中，我们感到了由衷的欣慰。许多专家学者和读者通过讲座，成了图书馆的朋友，他们对我们的工作提供了可贵的指导和无私的帮助，而更多的人则经此渠道记住了国家图书馆，记住了国家图书馆古籍馆。这是对我们工作的最大的褒奖。

为了感谢各界朋友的支持，我们选出部分讲座内容，汇集成册，系列出版，给主讲人和听讲者一个留念，给不巧未曾听讲者一份补偿，也给我们的工作一个小小的总结。

所选讲稿，主讲人多为年近古稀的学界名流、文坛泰斗。他们用毕生心血，焚膏继晷，皓首穷经，故而成绩斐然，蜚声

1

士林。当然,这里所选的部分,并不能代表更不能涵括讲座的全部内容,而且我们自己所做的努力,在全面提高中华民族的文化水平这一宏伟大业面前,也显得微不足道。但我们坚信,只要我们锲而不舍、矢志不渝,在中国文化事业的发展史上,将会留下我们探索的足迹。

编者

目 录

刘庆柱

古都北京与中华民族发展的考古学解读

刘庆柱，1943年生于天津市。1967年毕业于北京大学历史系考古专业。中国社会科学院学部委员，中国社会科学院历史学部主任，中国社会科学院古代文明研究中心专家委员会主任，中国社会科学院考古研究所研究员，中国社会科学院研究生院考古系博士生导师、教授，中国社会科学院考古研究所原所长。《考古学报》《考古学集刊》《中国考古学》（英文版）主编。主要代表作有：《西汉十一陵》《长安春秋》《前汉皇帝陵的研究》《汉杜陵陵园遗址》《汉长安城未央宫》《陵寝史话》《汉长安城》《古代都城与帝陵考古学研究》《汉长安城骨签书法》《三秦记辑注·关中记辑注》。

大家上午好！今天我想从考古学的角度，以"北京与汉代文明"作为切入点来谈一谈如何认识北京的问题。北京作为中国的首都已有 800 年的历史，为什么能成为这么大一个国家的首都，而且应该说越来越发挥它的重要作用，我想自然有它各方面的道理。

古代中国的疆域比现在要小一些，它的西部是中亚的沙漠，东部和南部是大海，现在我国北部是俄罗斯的东西伯利亚，古代中国的北部有蒙古高原，东北部有朝鲜半岛，与日本列岛隔海相望。古代中国的防卫问题主要来自于东北部，东部、南部和西部都不是主要的威胁，因为有天然屏障——海洋。在中国历史上，秦汉时期形成了"汉文化"，而后形成了"汉文化圈"，北京地区对"汉文化圈"的形成起了非常重要的作用。"汉文化圈"包括现在的中国本土、东北亚的朝鲜半岛和日本列岛、越南的北半部。而汉文化能从中国的本土或者说从我们的黄河流域、中原地区传播出去，北京起到了特殊的作用。

汉王朝的北面属于匈奴地区，后来匈奴的一部分融合到汉王朝，古代中国的东北部和北部地区，居住着匈奴、东胡、鲜卑、契丹、女真等少数民族族群，他们建立的政权，属于中央王朝属国，其中有些族群创建了中国历史上的北朝、十六国、辽金元清等王朝，这些地区族群活动区域成为中华民族空间范围的一部分。北京就在中原与东北、北方地区的地理与文化连接点上。

为什么谈中华民族的形成要把北京作为一个坐标点呢？作为一个国家，一个民族，要有文化载体，历史学研究是根据各种历史文献，考古学则是要根据实物，实物就是文化和文明的载体。研究国家的形成、发展，研究中华民族的发展，都城是一个重要的物化载体。国家是文明最主要的表现形式，这个"文明"是与"野蛮"相对的。"野蛮"社会就是没有一个组织来管理这个社会。这个组织是什么呢？就是政府，也就是国家，而国家的物化表现就是都城，都城是国家的缩影，都城是一个国家的政治统治中心、经济管理中心、文化礼仪活动中心和军事指挥中心。

任何国家的首都都是政治统治中心，对于绝大多数国家来说，首都是经济管理中心，但未必是经济中心。比如，现在我国的经济中心不在北京，而在上海。再比如，美国的经济中心在纽约，不在华盛顿。但是不管经济中心在不在它的首都，都城都是经济管理中心。

首都还是文化礼仪活动中心。所有国家的首都，各个历史时期的首都，政治和文化礼仪是在一起的，因为政治要通过文化礼仪活动来把它体现出来，政治统治中心和文化礼仪活动中心不能分开。首都也是军事指挥中心，因为国家存在的基础就是要有军事作支撑。

北京有着3000年建城史，800年建都史。北京作为一个区域性的政治中心，应该从西周就开始了。召公把他的孩子"克"封到了此地，称为"燕国"。近年来在北京西南部琉璃河董家(林)村一带考古调查、勘探，发掘了西周时代城址及其宫殿夯木基址、高等级贵族墓葬，这里出土的甲骨文及其铜器上的铭文，反映了西周时期燕国的一些重要历史。

战国时代，北京地区仍然是当时中国十分重要的区域性中心之一,战国七雄之一的燕国都城——燕下都就在与北京毗邻的河北易县。战国时代还有燕中都,在今天的房山县。汉代是北京历史上的重要时期,汉代的燕国和广阳国的都城蓟城就在现在的宣武门一带。北京市有一位文物爱好者曾多次给我写过信,呼吁保护这个地方,这个地方确实应该保护,但是很难保护。这块区域在西长安街以南,法源寺以北,白云观以东,牛街以西,东西大约 3000 米,南北 4000 米,面积约有 1200 万平方米。大家不要小看这个城,它在当时来说是东北亚地区很大的一个城,城的大小能反映出这个城市在这个地区的地位。据历史记载,它有个宫殿叫万载宫,还有一个正殿叫明光殿。大家知道汉武帝的时候修过一个宫叫明光宫,后来他的儿子被封到这儿,在这修了一个明光殿,它的宫门叫端门,汉代以后的古代都城之宫城后门就称为"端门"。

燕国广阳国的都城在现在的复兴门内大街附近,这个区域发现了很多汉代水井,区域以外发现了很多汉代墓葬,墓葬一般埋在城外。

我把汉代城市分为几级,都城是一级,像汉代长安城,面积 36 平方公里、周长 25700 米。都城以下,就是郡(郡治)县(县治)级的城市,中原地区的郡治所在地县城城市一般周长在 4000 米。下面我就介绍一下各地发现的汉代郡国治所的城址情况。

崇安汉城,在武夷山附近,它是世界文化遗产。这个城的面积是 48 万平方米。最近在福州发现了东冶城,东冶城也是郡治一级所在城市,面积约 20 万平方米。

广州有个南越王墓,近期又发掘出来南越王的宫城遗址,约 160 万平方米。曲阜鲁城,是汉代的曲阜鲁国城,它的面积是 375 万平方米。还有济南附近发掘出一个汉代王陵叫济北国王陵,国都叫卢城,离上述陵不远。章丘市有个汉代的东平陵城,这是汉代济南国的都城,面积约 400 万平方米,这些城市都已具备较大规模。

河东郡的安邑城,在现在的山西晋南一带,后来战国时期七雄之一的魏国沿用了安邑作为首都,面积约 675 万平方米。

南阳郡是东汉王朝皇室贵族的大本营,刘秀世家就在南阳,这个城的面积在 100 万平方米左右。与上述城址比较,汉代北京地区的燕国都城遗址面积达 1200 万平方米,其规模之大一目了然。

北京地区的汉代燕国都城有如此之大的规模,与其城市自身地位密切相关。汉代王朝的主要外部威胁,来自北方、东北方的匈奴、东胡、鲜卑等;汉武帝时期西汉中央王朝设置"乐浪四郡",更凸现了北京地区作为中央政府管辖东北地区的重要节点,也是"汉文化圈"从黄河中下游通过北京地区走向朝鲜半岛、日本列岛,使汉字、儒学、汉译佛经、律令制社会制度遍布东亚、东北亚各地,北京地区的历史作用功不可没,这种历史作用与影响一直延续到中古时代隋唐王朝。

汉代是中国历史上十分重要的历史时期,是以汉族为主体的中华民族形成时期,是多民族统一国家建立时期,汉代北京地区所在地是当时燕国(广阳国)都城,关于这个都城遗址上面已谈了,从另一角度——燕国国王在西汉王朝的政治地位、影响,也可反映出该地区的历史地位与影响。

20 世纪 70 年代初,北京市考古工作者在配合基本建设中,在北京市丰台区大葆台发现了西汉大型墓葬,第一次发现了"黄肠题凑"的葬具。而根据历史文献记载,"黄肠题凑"是汉代皇帝使用的最高等级葬具,汉代皇帝有时也将这些葬具赐予当时重要诸侯使用,目前我们已经考古发现的使用

"黄肠题凑"的汉代王陵（或王后陵）有十几座，但是"标准"的"黄肠题凑"使用柏木，已发现的十几座汉代王陵的"黄肠题凑"中使用柏木者寥寥无几，大葆台汉墓就是其中之一，由此也可见北京地区的广阳王在当时皇帝眼中的地位之重要。

在西汉诸侯王国的国王之中，燕国国王刘旦也是非常突出的。汉武帝执政晚年，确定刘弗陵为太子，刘弗陵就是汉武帝去世后继承帝位的汉昭帝。汉昭帝登基伊始，刘旦就凭借实力和影响力笼络了一部分人，壮大了自己的力量，"问鼎中原"，虽然最后还是被汉昭帝镇压下去了，但是这从一个侧面反映出燕王刘旦及其统治的北京地区在当时的实力。

我们再看看隋唐时代的北京在整个国家中的重要性。隋炀帝修建举世闻名的"隋唐大运河"，就突出反映了当时北京地区在国家政治、军事上的重要地位。隋唐大运河有从洛阳到北京与从洛阳到扬州两条，形成"人"字形。如果说从洛阳到扬州的隋唐大运河主要是漕运江南粮食支持京师洛阳、长安，保证其基本经济需求的话；那么从洛阳到北京的隋唐大运河则主要是出于国家安全发展需要，正是由于洛阳至北京大运河的开凿，中国东北地区得到巩固与发展，从而为该地区少数民族的社会、政治发展创造了极为重要的条件。为中国多民族成员的契丹（辽）、女真（金）、蒙古（元）、满族（清）走上国家最高政治平台创造了基本条件，开创了中华民族全面发展与形成的新时代。

正是由于洛阳至北京隋唐大运河的开凿，使辽、金、元、清四皇室，虽然其"大本营"在中国北方或东北地区，但其以北京为都城，进可统治中原及至全国，退可回到北方与东北，是辽、金、元（京杭大运河开凿之前）统治国家的基础。

唐代的北京城叫幽州城，当时在现在法源寺的旁边修了一个闵忠寺，祭祀当时征服高丽时的一些将士。这说明了隋唐两代统治者对北京地区的重视。唐代末年的"安史之乱"中的"安"指的就是节度使安禄山,他当时是三个地区的节度使,其中包括范阳节度使,范阳就是幽州,就是现在的北京地区。当时全国十大节度使所辖就相当于现在的北京、沈阳、济南、南京、广州、武汉、成都、兰州这八大军区。安禄山的基地就在北京这儿。安禄山借口清君侧,要讨伐杨国忠,实际他就是想篡权当皇帝,他的后盾就是军事力量,当时十大节度使一共有 49 万军队,仅北京地区,安禄山就指挥着 9 万军队。安禄山向南去问鼎长安的时候已经是率兵 20 万了,举行出征仪式的地方就在现在宣武区南边,第二年他就称帝大燕国。他在北京修了潜龙宫,暗喻这里潜伏着一条龙。后来的史思明也自称大燕皇帝,把幽州改成燕京。1966 年"文化大革命"前夕,在丰台区发掘了史思明墓,墓里出土了玉册,就是用玉片做的,这个东西现在出得很少。曾经在洛阳出土过玉册,它一般都是皇帝使用的,史思明是以皇帝自居的,作为史思明大本营的北京地区的重要性那是不言而喻了。

如果说多民族统一的国家形成与中华民族的形成是在秦汉时期,魏晋南北期、唐宋时代得到进一步发展,那么辽金元明清时代就是多民族统一国家与以汉族为主体的中华民族最终确立时期。

辽金元明清时代正是北京作为国家首都时期。自金王朝建都北京——金中都,至清王朝灭亡,其间 800 年,北京一直是中国的政治统治中心、军事指挥中心、经济管理中心、文化礼仪活动中心。古都北京留下了契丹人建立的辽南京城遗址、女真人营建的金中都遗址和周口店一带的金代皇帝陵寝、蒙古人构建的元大都遗址、满族(女真)人的北京城等,这些古代王朝的都城与陵墓,是中华民族历史文化的集大成,见证了中华民族的全面发展与最终形成。

中华民族的全面形成在古都北京的反映，我想从下面几个方面，给大家解说一下。

第一，契丹人建立了辽王朝，首都在今内蒙古的辽上京，后来又建立辽中京、辽西京、辽南京等，辽南京故址在今北京市宣武区一带。辽上京是南北两城制，北城是"皇城"，南城是"汉城"（即汉族人居住的城）。到了辽南京已不再是南北排列"两城"制，更不是单纯把"汉人"放在"汉城"之中，而是形成大小城相套的传统都城形制，其中内城更是突出宫殿中心地位。这已经是基本的华夏都城文化特点。

第二，金王朝从黑龙江的金上京迁都北京地区建立的金上都，都城由宫城、皇城、外郭城三重城相套组成。金中都有12 座城门，每面 3 座城门，每座城门有三个门道。都城中轴线南自外城南城墙上的中间南门，向北依次与皇城正门——南门、宫城正门——南门、大朝正殿南北相对，这些是典型的隋唐以来历代王朝都城的重要特点。

在金中都西部的金代皇陵陵区，埋葬着多位金朝皇帝、皇后及其达官显贵。从已经考古调查、勘探、发掘的金陵陵园、陵寝建筑与陵墓来看，这些帝陵及其陵园、陵寝建筑形制、布局与唐宋以来的帝陵形制基本相同，龙凤纹石刻的石棺等都说明金朝统治者女真人的精神世界的核心信仰已"中华民族"化了。

元大都是蒙古人取代女真人金王朝之后建立的元朝都城，几代元朝皇帝主持之下建成的元大都是一座比汉唐更为"中华民族"化的都城。这主要表现在元大都的宫城、皇城偏于都城南部，市场在皇城北部，都城的宗庙、社稷分列宫城东西两侧，大朝正殿在寝宫之南（即寝宫前面），这些充分体现了元大都布局形制上的《周礼·考工记》核心理念，即古代都城的"前朝后寝"、"前朝后市"、"左祖右社"等特点,元大都的这一布局形制,在中国古代都城发展史上是最"接近"《周礼》的,由此也可看出元大都在中华民族文化传承与发展中的突出贡献。此外,又如元大都东、西、南三面各设3座城门,都城的池苑——太液池之名,与其位于皇城之内,都城中轴线南自外部城正门——丽正门,向北依次为皇城正门——棂星门、宫城正门——崇天门、大明门、大明殿、宝云殿、延春阁、中心台等,这些有着渊源久远的都城展示了华夏文化内涵。

我上面谈到的这几个例子,是为了从古都北京之中的元大都的都城形制,说明元大都符合中国传统文化,从而证明元代的统治者是中华民族发展史上的一个很重要的组成部分。他们以古都北京为传承,演绎着多民族统一国家和中华民族发展壮大的历史。

清王朝是中国古代历史上最后一个多民族统一国家的王朝,其首都北京城是古代中国、中华民族历史文化的缩影。从这个缩影中我们看到一个多民族统一国家历史的突出特色,看到一个多民族共同认同的中华民族历史文化的物化载体,其中从古都北京中轴线和帝王庙就可见中华民族文化的多元一体性,长期历史发展的延续性,各民族对统一国家——中国的祖国认同性。古都北京中轴线是延续秦汉唐宋以来都城中轴线作法,并进一步使之规范化,古都北京通过南自永定门,向北依次经正阳门、天安门、午门、太和殿、中和殿、保和殿、神武门、地安门……这条中轴线体现出了国家至上的思想,东、西、南、北、中的"中"至上思想,在这个多民族组成的统一国家里,代表国家的中央政府是各个民族、各种宗教、各种信仰所认同的"权威",也就是国家至上思想。都城是国家的缩影,都城中轴线体现出一切以

国家至上、一切围绕国家、一切从属国家的传统中华民族
理念。

古都北京中轴线，也使我们见证这条由历代王朝都城发
展而来的中轴线，其政治思想、历史文化理念的一脉相承，不
管什么王朝，不管是汉族、鲜卑、契丹、女真、蒙古族、满族等
中华民族中的所有民族管理古代中国，体现在其都城中轴线
的延续不断、代代相传、世世相袭的就是多民族统一国家的
至高无上，这个国家的前后相延、世代相承，不因古代中国不
同族属的统治者而改变，不但不改变而且还在不断强化，古
都北京中轴线作为中国古代都城中轴线的集大成就再清楚
不过地证明了这点。

最后讲一下从古都北京的历代帝王庙看多民族统一国
家——中国与中华民族的认同问题。中国古代都城之中一
直设置有宗庙(或称太庙)，这是祭祀本朝帝王祖先的庙宇。
但是祭祀我们多民族统一国家历代王朝帝王的庙宇，始建于
明清都城，真正全面、系统发展与形成在清北京城，祭祀传说
中"三皇五帝"的"帝王庙"出现很早，但是把从三皇五帝到夏
商周、秦汉、魏晋南北朝、隋唐、宋辽金元明等中国古代历史
上(包括传说时代)所有王朝，不论其帝王是内地还是边疆
的，不论是华夏族还是其他少数族，作为帝王，一律置于帝王
庙中加以祭祀，却是制定、实行于清代康熙、雍正、乾隆时代，
祭祀帝王共188位，至此帝王庙成为多民族统一国家，以汉族
为主体的中华民族完整历史的缩影。古都北京的历代帝王
庙成为中国多个民族的共同国家家园，共同的历史根基。历
代帝王庙中的中国不同历史时期、不同地方、不同族属的帝
王，他们是古代中国、中华民族的不同历史时期的共同政治、
文化、历史的化身。由此可以看出，北京有着深厚的历史积
淀，对中华民族的形成和发展壮大有着非常重要的作用。今

天的演讲就到这里,有些可能是不太成熟的意见,拿出来只给大家做一个介绍,不对的地方请大家指正,谢谢!

（讲座时间:2009 年 4 月）

讲 座 丛 书

张忠培

中国考古学：母权、父权、文明

张忠培，考古学家。1934 年生，长沙人。1957—1961 年于北京大学攻读副博士研究生。曾任吉林大学教授、博士生导师、历史系考古教研室主任、历史系主任、研究生院常务副院长。1987—1991 年任故宫博物院院长。现任故宫博物院教授，兼任中国考古学会理事长、国家文物局考古专家组成员、国家哲学社会科学规划委员会考古学科组成员、国务院三峡工程验收委员会委员、南水北调工程考古专家组组长。张先生自1958 年起，参与主持元君庙、纪南城等多处考古发掘工作，提出了考古学的基本理论和方法，并对中国史前社会制度进行了系统研究。著有《元君庙仰韶墓地》《中国北方考古文集》《中国考古学：走向与推进文明的历程》《中国考古学：走近历史真实之道》和《中国考古学：九十年代的思考》等。

今天我要讲的题目是"中国考古学：母权、父权、文明"。这就要从考古学来研究这个问题。

通过中国古代夏之前到夏纪年的主要地区的年表，我们可以将中国新石器时代的公元前 6000 年到公元前 5000 年分为五个谱系。在这个年表里可以看出几个问题。

一是黄河中上游地区的谱系。在这个谱系里，可以看出这种文化就像树干一样，发展到一定的阶段就形成不同的秩序。就像我们人一样，每一代都成为独立的秩序。这就是黄河中上游考古学文化的谱系关系。二是黄河下游以及部分淮河流域的谱系关系。经过了几种文化的发展后的夏纪年阶段。三是西拉木伦河流域——内蒙古和辽宁部分地区的文化谱系和年代关系。四是长江中游地区的文化谱系关系。最后是长江下游的文化谱系关系，也是我演讲的前提。在这个表里我们可以看出中国古代的文化是多元的，是从不同地区发展起来的。另外，中国的古代不同地区的文化又存在着相互联系、交往、交流，相互渗透、相互吸收的关系。所以就形成了多元一体的格局。

就任何一种考古学文化来说都是杂合体，都是以一元谱系为主的多元的谱系结构。这就像我们在座的各位一样。我的父亲姓张，母亲姓罗，这样的文化交往产生了我。我的 DNA 有我父亲的一半，有我母亲的一半，我的儿子的 DNA 中，有他的祖父四分之一，也有我太太的二分之一。就男系来说，是一元为主的，无论 DNA 如何变化都会一直保留下去；就母系来说，是不同的交往、不同的婚姻产生的文化。以此为例来说明，没有纯而又纯的考古学文化，所以任何一种考古学文化都是杂合体。但是任何一种考古学文化，都是以一元为主的多元的谱系结构。这就是我目前对于考古学文化的一些认识。

首先要讲第一个问题——母权制社会。母权社会是处于公元前 5000 年，最典型的一个例子就是陕西华县元君庙墓地。陕西华县的元君庙墓是 1958 年由我主持发掘的。那个时候我还很年轻。至今为止，这座墓仍然十分典型地反映了当时的母权制的社会结构。

我们首先看第一种墓葬。第一种墓葬的格局是一排一排的，都是合葬墓。再看第二种墓葬，第二种墓葬的格局也是一排一排的，可以分为六排，每一排既有单独墓，也有合葬墓。还有第三种墓葬，经过考古学分析可以从第三种墓葬中看出每个墓葬的年代关系。凡是写"一"的，或者"一"字上面打一点的，代表元君庙第一期；凡是写"二"的或者"二"字上面打两点的，代表第二期；凡是写"三"的或者上面打三点的，代表第三期。依照这个来看第二种墓葬。第二种墓葬的墓地是由东向西分成几排，由北向南按照年代排列的。可以看出来，第一排从第一期墓葬延续到第二排，直到第二排的第四组墓葬开始是第二期的。这样一直往下延续，到第三排的第三期。按照第二种墓葬来看，不分期的话一共是六排墓葬，从这个角度来说，第一排、第二排、第三排是按照年代排列的。第四排、第五排、第六排也是按照年代排列的。所以我们可以把这个墓地分为两个墓区。一、二、三排是一个墓区，四、五、六排是另外一个墓区。

这个墓地是一个文化共同体的墓地。这座墓地又分为不同的墓区。墓区里既有单人葬，就是一个人的墓葬，又有合葬墓。合葬墓中的死者最少有两到三人，最多达 25 人。平均起来，基本上大多数合葬墓中的死者数目是 10 人左右。同一期里有不同的合葬墓，合葬墓占了整个墓地墓葬数量的 64.64%。就埋葬的人的比例关系来看，整个墓葬里面的死者每 12 个人里面有 11 个人埋在合葬墓里面。所以这里是以合葬墓为主。

一般来说，合葬墓里面都有一次葬，所谓一次葬，就是当肉体还没有腐烂的时候入葬。合葬墓中或者有一个一次墓，其他的都是二次葬，或者有两个一次葬，其他的都是二次葬。所谓二次葬，就是尸骨腐烂以后，或者尸骨经过一定的处理之后只剩骨头，然后把骨头收起来埋在一起。

他们是作为一个文化共同体的人埋葬在一个墓地，这个墓地属于同一个文化。为什么一个墓地分为两个墓区，一个同一期的墓葬又有不同的合葬墓？因为同一个墓地的不同墓中的人是亲属关系，墓地的规制是按照亲属的关系来处理的。同一个墓葬同一个墓地的人属于同一种文化，这个文化共同体的人之间的关系比另外一个墓葬更为接近。以此类推，同一墓区中埋葬的人的亲属关系和另外一个墓区的关系、同一个合葬墓中埋葬的人的亲属关系和另外一个合葬墓的亲属关系亦是如此。

这座墓地所反映的社会组织分为三级。第一级是墓地为代表的集体，第二级是墓区为代表的集体，第三级是以合葬墓为代表的集体。因此，合葬墓作为最小的单位构成了这座墓地的细胞。认识了这个细胞，就能了解墓葬关系的性质。

合葬墓既包括不同性别的人，又包括不同年龄的人，不同年龄的人中主要的是成年人。

以 405 号墓葬为例,这座墓葬一共埋葬了 12 人,一次葬者死亡年龄为 10 岁。其他人最大是 50 岁,最小是 20 岁。二次葬者一定死于一次葬者之前。因为一次葬者的尸骨是在没有腐烂时埋葬,二次葬者是在尸骨已腐烂后埋葬,所以二次葬者只能在一次葬者之前死亡,不会晚于一次葬者或和一次葬者同时死亡。因此,这些墓葬中合葬在一个墓葬中的死者死亡年龄的岁差,是这些合葬于同一墓者生前最小的岁差。所以 50 岁的二次葬者至少比一次葬者大 40 岁,40 岁的二次葬者至少比一次葬者大 30 岁,20 岁的二次葬者至少比一次葬者大 10 岁。50 岁的人是否能成为 10 岁的人的祖父或者是祖母,答案是肯定的。30 岁的人是否能成为 10 岁孩子的父亲或母亲,答案也是肯定的。古代成丁礼一般是在 13 岁到 14 岁之间举行,也就是人的性成熟时期。保守估计,当时 15 岁就可以生育后代。所以 405 号墓葬所反映的亲属集体关系是至少三代人合葬于一个墓葬里面。

合葬墓是这个墓区所体现的当时社会的细胞。将这个细胞的性质和结构解析清楚,就知道当时社会是处于哪个社会发展阶段。

可以肯定的是,这个合葬墓代表了不少于三代的亲属集体。我们进一步研究,发现这些合葬墓里面的成年男女的关系和搭配不成比例。或者是男多于女,或者是女多于男。只有 425 号墓地是一对男女带一个小孩的合葬墓。为什么成年男女不成比例,这反映了什么问题?首先,成年男女不成比例,至少说明当时不是一夫一妻制。第二,一夫多妻制是父权制的产物,父权制的社会中男性地位高于女性,是以男性为本位的。从这座墓葬的葬数、摆放的位置,以及随葬品的关系来看,都不能说明是一夫多妻的合葬墓。反过来,男性的数目多于女性,那么是不是有可能是一妻多夫制的合葬墓呢？一妻多夫制度在一些民族确实存在。新中国成立前，藏族就存在着一妻多夫制，兄弟共妻。不论是一夫一妻还是一妻多夫，都是文明社会的产物。一妻多夫制，往往是以男性为本位的社会里，为了防止家族的财产由兄弟各自构成家庭来分割。而这座集体合葬墓里面根本就没有丈夫，也没有妻子，也就是单系家庭，或单系家族。下面的一些证据可以来证明这个观点。

425 号墓葬是两个成年男女和一个小孩的合葬墓。中间是二次葬的小孩，左边是成年女性，右边是成年男性，都是仰身直肢葬。在葬式和墓葬位置两个方面体现了两性关系的平等。这对男女是否是一对夫妻呢？第一，墓葬是女性死后将男性迁葬，说明是以女性为本位的。第二，女性这边的随葬品更多。所以这个墓葬不能说明这个成年男女是夫妻，只能说明是以女性为本位的合葬墓。

这个墓葬中，女性的随葬品都比男性的随葬品丰富。经过统计，十组合葬墓中，女性合葬墓或者女性单人墓的随葬品数量和丰富程度均多于男性，这里的墓葬是以女性为本位的。419 号墓地就是女性成年人合葬墓。

420 号合葬墓是一个成年女性与孩童的合葬墓。这组合葬墓是整个墓地里随葬品最为丰富的一座，单陶器就达 20 多件，其他还有一些骨器装饰品等。墓葬中的两个小孩性别无法鉴定，但从随葬品的装配来看，应该能够判断是女孩，因为随葬品中有项链等物品；而且小孩和成年女性的装束一样。这就说明这是一座母亲和两个女孩的合葬墓。

补充说明一下，葬在这个墓地里的孩子没有男孩，只有女孩。男孩只能装在瓮罐中，埋在房屋的周围。而墓葬中的女孩必须打扮成成年人的装束才能入葬在墓地。这就说明，当时的社会很重视女孩，世系关系也是按女系传承。

再进一步来看,不是所有的女孩都能进入这个成人墓地。当时的社会关系十分严格,只有举办过成丁礼的女孩才有资格继承家产,所以那些有权势的家族,为了把财产和权力传给她们的女儿,提前为女孩举办成丁典礼,而且这些女孩必须打扮成成年女性的装束才能入葬,葬式也是按照成年人的规制进行的。

　　接下来是 429 号墓葬,这个墓葬的结构很科学,是以黄沙土铺底的。这座合葬墓从亲属关系来看,应该是按照母系家族形成的。世系、财产和权力也是以母系来继承的。当时的社会以女孩为贵,与我们现在的社会关系相反。比如现在的农村,一个家庭如果生了一个女孩还可以要二胎,二胎若是男孩,就不能再要孩子,虽然法律上规定第二胎仍是女孩的话就不能再要孩子,但是因为农村以男孩为贵的观念,还有不少家庭会要第三胎甚至第四胎。这和元君庙墓葬反映的社会关系是相反的。

　　能做到以上所说的必须是有权势的母亲。只有有权势的母亲才可以挣脱社会规矩的控制,为女儿提前举办成丁典礼,在形式上不违背原来的规则的情况下,打破原来的控制。按照规矩墓地应该是按照年代排列的,而这座墓地虽然形式上仍按照年代排列,但这个亲属集体的人,死的时候并未埋到相应的墓地里,而是将尸骨攒起来,到一定的时候再埋进去。这就是合葬墓出现的原因。

　　概括以上的现象,我们可以总结出来:第一,当时的社会是母权社会,第二,它的社会基层单位是家族。1949 年以前,生活在北京四合院的人都是同族的几代人。现在四合院不再适合居住的原因,就是社会关系发生了变化。在四合院里北房是老爷子住,侧房很小,由他的孩子和他的儿媳妇住。每个家庭不同辈分的夫妻,都要围绕家长来生活,吃住用度都由家长决定,个人隐私和个人意愿不能表现出来。现在的社会不同,子女一结婚就要单独过,这也是大多数子女的意愿。

这座墓葬反映了母权制社会的一些特征。从民族学的角度来说,母权社会的墓地可以叫做部落墓地,每一个墓区中埋葬的死者属于一个氏族。家族墓地是合葬墓,但是生活是不停止的,所以合葬墓里的死者只是一个家族一定时间内的死者的合葬墓。这个合葬墓里面的单系家族,就是以女性为本位的家族。

这就是对公元前5000年墓葬的考古学发现,看到了一个活生生的、由墓地所表述的社会结构。这个社会结构就是母权制。它分为三级组织:最小的是家族,家族在氏族里面,有相对的独立性,而且家族日益表现出与氏族的对抗性;氏族在部落里面有更多的独立性;部落是一个整体。古籍文献里面有很多关于母系社会的传说,比如周人和商人。简狄捡到一个玄鸟的卵,吃掉后就生了商人的祖先契。姜嫄踩了一个巨人的足印后生下一个孩子,成为周人的祖先。包括刘邦,他为了当皇帝,自称他的母亲在树林里与白蛇感应而生了他。上古之人只知有母,不知有父。《山海经》中亦有很多女人国的故事。我们则是从考古学的发掘出发,考证发现母权制社会,利用的是第一手材料。

下面我们再谈父权。父权社会是从公元前4000年开始。当时在中国的大地上存在着西阴文化、大汶口文化的刘林期、大溪文化和崧泽文化,这些文化都出现了合葬墓,但是更多的是一对男女的合葬墓。这种合葬墓中,男女的摆放位置都是平等的,都是仰身直肢葬。比如江苏邳县的合葬墓、山东兖州王因的合葬墓、河南淅川下王岗的合葬墓。这些合葬墓都是一对男女平等地放在墓地里面。这反映在当时,一夫一妻制的家庭已经产生，男女的社会地位基本上是平等的。我们定义它为父系社会，父系社会经过一定的发展就出现了父权制。

墓葬反映出父权制又分为两个阶段。可以看出，这座大汶口文化花厅期的合葬墓是一对男女的合葬墓。大汶口文化分为三期。早期是刘林期，就是我们刚才提到的平等的合葬墓。第二期是花厅期，第三期是西夏侯期。花厅期开始于公元前三千二三百年左右，西夏侯期开始于公元前两千七八百年左右。这座合葬墓中，随葬品主要围绕在墓穴中的男性死者身边，而女性死者则被挤到墓旁边。男性为本位的男权关系就显现出来了。这座刘林期的男女合葬墓里面，有的是男左女右，有的是女左男右，没有定制。另外一座花厅期的成年男女和小孩的合葬墓中，三个死者都是一次葬，男性死者居于墓穴的中间，随葬品主要在男性死者这一侧，女性死者位于男性死者的右侧，小孩的尸体被挤在旁边。到了这个时期，男性死者一定是在女性死者左边，成为定制和规矩，这就是父权制的早期阶段。

公元前两千四五百年到公元前两千一百年前后，父权制社会发展到一个新的阶段，这可以从下一组墓葬中体现出来。这是马厂文化一个以男性为本位的合葬墓。墓葬中的女性死者面南跪坐，南面是两个男性死者。另一座青海乐都柳湾齐家文化的合葬墓，墓中男性死者在棺里，女性死者在棺外。还有齐家文化的一座墓葬，男性死者躺在中间，身上盖着很多石板，女性死者侧身屈肢，以下跪或者行半跪礼的姿势面向男性死者。再有另一座齐家文化的墓地，男性死者躺在中间，满身覆满石板，两侧跪着两个面向男性死者的女性死者，这是一个丈夫和他的妻妾的合葬墓。以上例子说明，父权制已经发展到一个新的阶段。

关于母权社会文明和父权社会文明,是可以研究很久的课题。今天所讲的内容可以比喻成压缩饼干,只能把一些主要的结论表述出来。我在 1958 年研究元君庙遗址后,发展了一个研究墓地的模式。20 世纪 70 年代后期到 80 年代初期,又以这个模式研究了当时十几座以男性为本位的合葬墓墓地,最后得出一个结论,就是父系社会大致上可以分为三个发展阶段,第一是父系社会的确立期,第二是父权制的早期,第三是父权制的发展期。随后翻阅了恩格斯《家庭、私有制和国家的起源》以及摩尔根的《古代社会》,从民族学的角度上来说,这个结论曾被提出过,但是在考古学中,在中国范围内仍是第一次被提出。

根据我掌握的材料,在世界范围内对于母权制和父权制的问题还没有人做过系统的研究。到了 20 世纪 90 年代,一位著名的考古学家、华裔美国人张光直读到我的书,他说这部书是研究亲族制度的模范。还有一位台湾的历史学家,他称赞我的研究成果即使晚 30 年也是先进的。我就是根据这个模式从材料出发来进行研究的。

以男性为本位的合葬墓的墓地研究说明历史上曾存在着父系社会,这类墓地,分别属于西阴文化、崧泽文化、刘林期的大汶口文化。属于西阴文化的有河南淅川下王岗;属于崧泽文化的有江苏吴县的草鞋山;属于刘林期大汶口文化的有江苏邳县的刘林、山东邹县野店、山东兖州王因;属于半山马厂文化的,有甘肃兰州土谷台、永昌鸳鸯池、青海乐都柳湾、山东民和阳山;属于花厅西夏侯期大汶口文化的有山东宁阳大汶口、山东邹县野店、山东诸城呈子、山东荏平尚庄、江苏邳县大墩子;属于齐家文化的有青海乐都柳湾、甘肃武威皇娘娘台、甘肃永靖秦魏家。

下面来讨论父系社会的社会文明。中国文明现在成为考古学、历史学的一个重要的热门话题,其中包括文明的起源和形成。文明的起源和形成是不同的概念,著名考古学家苏炳奇提出多文明论,就是中国文明的满天星斗说。他提出考古学文化的多元一体结构学说后,又提出中国文明起源与形成的多元说,将中国文明的起源和形成,视为不同时期的两个概念。

我是苏炳奇的学生,我的老师活跃于上世纪七八十年代,尤其是70年代中期,而我是90年代中期才开始研究中国文明的起源问题。在此之前,我一直在研究母权、父权这类社会组织的基层结构的问题,当时受到教条主义影响,不能理解齐家文化作为母权制社会是如何产生文明的,后来到了80年代末90年代的初期,我开始从另外一个角度来思考文明。

1994年我写过一篇关于良渚文化的文章,良渚文化已经进入文明时期。良渚文化属于公元前两千四五百年的龙山时代,文章将文明形成时期的年代上限提到公元前三千二三百年。良渚文化可以分为四五级,核心一级,是国家或者政权的确立,而这个政权有两个等级,由两种器物所代表:一个叫做钺,是一种武器,一个叫做琮,是一种玉器。公元前三千二三百年的良渚文化已经进入了文明时代。这个良渚文化社会的神权以琮为代表,君权以钺为代表。甲骨文和金文中的"王"字,就是钺的象形。概括来说,当时的社会是神权和王权至上的,是一种神权和王权在社会中占有同等地位的国家形态。国家权力的分配中,有只掌握神权的,有只掌握王权的,还有第三种人,既掌握神权又掌握王权。通过墓地里的位置以及随葬品的多寡判断,这种掌握神权和王权的人的权力和社会地位,均高于只掌握神权或王权的人。

很多研究文明产生的学者,更多考虑到这个文化是否有文字出现、是否有建筑、是否有城,但这些问题都是从已有文明的状况来归纳的一些东西。我们不能只在现在的知识平台里面让材料牵着鼻子走。2006 年,在良渚的一个地方发现了城,面积约 300 万平方米,我曾多次被邀请到那个地方进行研究,从最早确认这个遗址是否是城以及如何发掘,到最后确认这个遗址就是城,并且确认这座城所属的年代不晚于良渚文化晚期,我都参与其中。虽然我的说法得到了大家的承认,但还是引起了很多不同视角的考虑,并非都从"国之大事,在祀与戎"的角度来考虑。我一直认为不能从已有的文明特征来概括从而得出定论,只可以将它作为研究的出发点,而不是作为结论的检验标准,任何一种已有文明都不会同时具有文明的四大特征。良渚文化的社会已经进入了文明时代,它将我国古代的文明社会起始时间,从过去的夏纪年提前了 1000 多年。

写完关于良渚社会研究的文章后,我曾被邀请去台湾讲学,主持人是傅斯年。我在那里发表了《中国古代文明形成的考古学考察》一文,阐明在公元前三千二三百年左右,中国已进入文明时代,以下来举例说明。

首先看瑶山墓地,从瑶山墓地可以看出,上一排是六组墓葬,下一排是七组墓葬。上一排的六组墓葬中只有钺随葬而没有琮,其中只有两座墓葬有随葬的玉璜,说明上一排墓葬是女性墓葬。下一排有七组墓葬,有的随葬钺,有的随葬琮,或者既有钺又有琮,可以判断是男性墓葬。有钺和琮随葬的墓葬在这个墓地的中间,两边的墓葬或者是只有钺,或者只有琮。墓地中男性死者七人,女性死者六人。如果是夫妻,则缺少一个女性,因此这个假设不成立。这座墓葬是一个掌握神权和王权的权贵家族的集体墓葬。良渚文化还有其他墓地,但大多数是一贫如洗,随葬品中陶器都非常少见。

但在这座墓地中，玉器随葬品最少的有五六十件，最多的达三百多件，而且都是一些代表身份的玉器，极少有陶器。良渚文化的墓葬，有一些墓葬主要随葬的是陶器，很少随葬玉器。还有一些墓葬极少随葬陶器，更谈不上玉器。从这些墓地的随葬品可以看出，当时的社会已经发生了分化，分出了等级，有了阶层的区别，出现了权贵家庭。

整体来说，公元前三千二三百年的社会是神王之国的时代，神王之国是神权和王权具有同等地位的国家形态。随着社会的继续发展，进入父权制时代，社会的基层组织是父权制家族。这种形态继续发展至两个方向，第一，王权完全压倒神权，龙山时代就完成了这种形态；第二，这种形态完成了一个宗教革命。

根据我的研究，中国在公元前三千二三百年前后有三种宗教。良渚文化所处的长江下游是玉琮；黄河下游是龟算；黄河中上游是卜骨。到了公元前二千四五百年的龙山时代，也就是大汶口文化结束以后，客省庄文化、三里桥文化、齐家文化等龙山文化，以及长江下游、长江中游的文化，都是用卜骨进行宗教仪式，从而实现了宗教革命。同时这个时期的王权已经高于神权。

另外，尧舜禹的故事就是处于这个时期，尧舜禅让就发生在这个发展阶段。《史记·五帝本纪》中记载，尧舜禹各有各的国，尧死后不能在他当国王的国下葬，只能葬到另外一个国，禹也是这样。这就可以证明，公元前两千二三百年文明开始形成的良渚时期，属于同一考古学文化的人被分裂为不同割据的政权所统治。尧舜禹为了保持各自的政权，协调各国的关系，保护这个文化居民的整体利益，又搭建了一个类似于现在联合国的机构，秘书长的位置则轮流坐庄。这个时候已经形成了王国，王权已经高于神权，但是同一考古学文化之内的居民还没有形成统一政权，就好像三国时期、五胡十六国时期或南北朝时期的情况，虽然同属于汉文化区，但居民不属于一个政权。

随着历史的发展，同一考古学文化、同一文化共同体就形成了统一政权。到了龙山文化禹统治的时期，他将"联合国"的王位篡夺，并传给他的孩子启，这个王位本该传给益，所以之后发生了"益干启位"的历史事件，因此可以看出龙山文化时期已经进入王国时代，就是在一个文化里面形成了统一的政权。

商代还是继续夏朝的统治方式。这种统治方式的政权在外殖民时，掠夺别人的土地，驱赶原著居民，直到周政权时开始实行分界，这就意味着进入王国时代的第三个阶段——"封建亲戚，以为藩篱，屏蔽周室"，从而在同一个国家里融合了不同考古学文化的居民。周代的王室，成为这些不同考古学文化居民的共主，为不同政权的文化融合创造了基础，创造了前提，创造了条件。然后经过战国的改革，就把原来的周人的"亲情"制度和井田制打垮，形成了秦汉的帝国体制。帝国体制的特征是皇权按照血统继承，但是它有一套文官体制和一套武官体制，奉行"能者居之"的正则，从而容纳了不同姓氏的人，包容的文化就更广，统治基础亦是越来越大，这就是帝国时代，以君权治国。

随着历史的发展，中国的社会和西方碰撞。孙中山先生在辛亥革命后成立民主国家，是以意识形态来组党，通过选举确定领导者。中国的政权形态大约可分为四个时期：神王之国、王国、帝国和党国。

今天我要向大家介绍的主要内容就是这些。谢谢大家。

（讲座时间：2009 年 5 月）

唐际根

中国考古学的问题与前景

唐际根，1964 年生。1986 年毕业于北京大学考古系，后入中国社会科学院研究生院及英国伦敦大学考古学院（UCL）学习，分获学士、硕士、博士学位。现为中国社会科学院考古研究所研究员，中国社会科学院古代文明研究中心学术委员会专家委员，中国社科院考古研究所安阳殷墟考古工作队队长。长年在田野第一线从事考古发掘工作。著有《考古与文化遗产论集》《殷墟：一个王朝的背影》《中国古代冶金简史》，合编有《多维视域：商王朝与中国早期文明研究》，合译有《另一种古史：中国古代铜器纹饰、图像与符号研究》。当前主持的国家级科研项目有中国社会科学院重大科研项目《殷墟布局的探索与研究》、国家文物局批准项目《中国豫北冀南地区古代社会与环境之演进关系研究》（中加合作）。

大家早上好，今天我讲的题目是"中国考古学的问题与前景"。在座的有的对考古学很了解，但也可能有一部分先生或女士对考古学还没那么了解，所以我讲主题之前，先讲一些考古的基本活动。一般考古——要是抛开定义讲过程——可以分为这么几个部分：首先是做考古调查。调查以后找到古代的遗址或者遗迹，再进行发掘。发掘所获得的各种各样的文物标本，需要进行分析，这一过程笼统地叫做"整理"，比如说年代、排序、功能研究等等。整理以后，我们会从不同角度把问题找出来进一步分析，这个过程叫研究。这是我们一般的考古学的活动。

　　我们先讲考古调查。考古调查说起来容易，其实很难。比如说一片空旷的农地，你怎么会知道地下有东西？这就是一个挑战。考古调查先要组建考古队，考古队可以有不同学科的成员，可以是合作的——像我的考古队是由中国的、外国的学者组建的考古队。然后划定地区，确定要找什么，这是调查的开始。举个例子，中国河南省北部安阳市是殷墟——商朝都城所在地。我曾经在1997—1999的三年时间里，带着考古队，在安阳附近好几百平方公里的范围内，在农田捡陶片，在村里找考古线索。我就回顾一下当年的一次考古活动。安阳市的西边是太行山，东边是河流的冲积平原。我们的考古活动主要局限在这一块。考古队做调查的时候，按照一般规则，先找一个村子了解情况，然后在村子的周围走一走。在村子里转悠,你可能捡到古代的陶片。考古通过调查把古遗存的线索找出来。有了线索以后,再确认遗址。

然后是考古活动的第二步——发掘。刚才说的是在地表上捡陶片,可是没有解决一个最大的问题:如果我们面对的是一片农田的话,怎么确认地底下某个具体位置有东西呢?或许我们要"感谢"一个特定的群体——盗墓贼。大家知道今天考古钻探用的长铁杆,又叫"洛阳铲",是洛阳的盗墓贼发明的。关于洛阳铲的发明权还有争议,河南安阳的人说最初是他们发明的。洛阳铲今天仍然是考古调查的重要工具。洛阳铲在地上打一个洞下去,从洞里带出一截土来。这截土我们叫"标本"、"土样"。根据这些土可以判断地下有没有东西。这是有效的手段。

考古调查的手段很多。比如说磁力仪、电阻仪,还有透地雷达等等。很多不同的手段都在用。调查使我们知道地下大致有什么。比方某地埋藏有汉代的;某地有仰韶的;某地有龙山文化。通过调查甚至可以画出一张草图。下一步就是考古发掘。

发掘通常采用探方法,通俗讲也叫"格子法",就是把地表打成格子——10 米 × 10 米或者 5 米 × 5 米的格子,然后一层一层非常细心地挖下去,把古代的东西剔出来。比如经过钻探以后挖开,结果发现一排(五辆)马车——3000 年前的马车,当然马车都烂到土里了。我们仔细地一点儿一点儿把它清出来。马车的主体部件是木制的。木头烂到土里,已经只有痕迹甚至没有痕迹。它只是让土的颜色、结构有点变化。考古队要根据痕迹把马车挖出来。中国考古技术中的手工操作绝对让人佩服、令人敬佩。

有的时候你会挖到整个一座古代的房子或者墓葬。宋代墓葬,从结构上看,许多都有点雕梁画栋的感觉。人骨架躺在中间,周围就如同房子。挖开宋墓,好像你来到宋朝家庭的厅堂,你甚至从感觉上可以进到不同的房间。汉代属于厚葬时代,商代也属于厚葬时代。挖开商代墓葬,你有时可以看到青铜器在边上随葬。有一个很奇怪的现象。商朝阶段,凡是有钱人的墓葬,把墓挖开,骨头烂得一塌糊涂;凡是没钱人的墓葬,最低级社会阶层的墓葬,挖开以后,骨头常常保存得很好。为什么? 因为有钱人死后不但装入棺材,还要在棺材外头加筑椁室——用木头筑建。由于棺椁很大,埋的时候就有大量的空气在里头,加速了人体的腐烂速度。而且时间长了,木头朽烂,填土会往下塌。结果人骨、器物都被砸坏了。普通老百姓死后下葬时没有棺材,用席子一卷就埋了;或者只有很小的棺材。塌陷的空间很小,因而骨头往往保存得很好。

考古发现通过调查找到遗址,通过发掘把文物挖出来,接着是整理研究。整理的过程是这样的:把从野外找到的文物或者标本拿回来,在研究室修理拼接复原,然后设计研究方案。例如陶器要解决什么问题——要解决年代问题,还是要解决功能问题,还是跟陶器相关的其他问题? 比方安阳出土的陶器,看着像陕西的,就要追踪这个陶器是不是古代的人从陕西搬运过来的? 最常见的整理就是年代的解决——就是把器物排成序列,搞清楚哪种东西最早,哪种东西最晚。

整理与研究密切相关。研究包括许多方面,比方交流。安阳出土的东西如果不是产自安阳,而是陕西、山西的,说明安阳在 3000 年前不是只有当地人,还有来自四面八方的人或者安阳通过某种渠道获得了外地产品。于是产生了文化交流问题。通过回答这些问题,可以逐步达到复原古代社会的目的。

今天用的汉字追根溯源少不了谈到安阳甲骨文,到底发明甲骨文的人是谁？创造鼎盛的青铜文明的商朝人什么模样？骨头研究很关键。学术界对安阳出土人骨标本很敏感。第一批标本挖掘出来，中国的学者、美国的学者、欧洲的学者都关注。人骨的研究涉及人种、社会结构诸方面的问题，其中一些问题已经有了结论，今天我不去过多涉及。

中国考古有一个特点，就是基本建设的发展需要考古来配合。哪个地方动土，盖房子、修地铁、挖水库都可能挖出文物来，导致大量的考古发现。这几年有一种说法，说中国考古学进入黄金时代——20世纪90年代以来就一直有这种声音，最近的法新社等国外媒体也开始说中国的考古处在黄金时代。中国考古是不是进入了黄金时代？我的看法是：从发现来讲，毫无疑问是黄金时代，因为有大量的文物出土，大量的遗迹被清理出来。但我们所说的"黄金时代"，更多的是对自己的赞誉，或者是西方学者对我们国家考古状况的溢美之词。我们要冷静。面对大量的发现，我们要有压力，要有隐忧，要思考中国考古学的问题与前景。

我们不能只把东西挖出来给人看，如果这样，我们就被捧杀了。但是如果说中国的考古不处于黄金时代，好像也不是现实，因为发掘出的东西毕竟很多。中国考古学现在所面临的问题，不在于出土的东西的多少，不在于方法，也不在于技术和分析手段。技术手段我们可以从西方借过来，研究方法我们可以发明、创造，这些都不成为问题。中国考古学最大的问题是，我们没有把我们的文化资源用好——就是考古学究竟能为我们社会做什么这个问题没有解决。中国古代的文化遗产应该发挥更广泛的作用，应该对现代社会作出方方面面的贡献。

我曾经参加过一次国际学术会议，是2004年在德国召开的。会议期间中西方的学者聚集在一起讨论一个问题：中国学术界或普通中国人脑子里是否存在一个特有的理想化的古代中国的概念？比方谈到尧舜禹时代，即说唐尧、帝舜、夏禹、成汤都是圣人，当时的圣贤会禅让，创造的是一个和谐的社会。《黄帝内经》本是一部医书，却一定要把它说成是黄帝写的。《九章算术》是中国古代的数学书，中国人把它说成是伏羲氏写的。总之，许多中国人认为古代是美好的时期，古代生活着很多比我们强的圣贤。

我要谈的是"真实的古代"与"古代的真实"。我们有一个"遍地圣贤"的理想中的古代，然而考古揭示的古代可能不是这种情况。考古学告诉我们一个客观存在的古代，那个古代是真实的。如果考古学不是把真实的古代变成真实的知识，而是去诠释虚拟的美好年代，去为古代唱赞歌，那这个学科就有问题，因为追寻的不再是真理。但是一部分中国学者确实会在脑子里营造虚假的东西，而学术界有时也会去为它包装。

我们读《三国》：张飞，身长八尺；关羽，身长九尺。我在考古工地挖商墓的时候，很多人过来看了墓内的人骨后感叹说，"哎呀，这古代人好高啊！比我们还高啊！"实际是怎么回事呢？墓葬里的人肉身已经烂掉，脚丫子是伸开的。乍一看很高，但是人的高度实际上应该从脚后跟算。其实古人没那么高。我做过统计：商朝男性平均身高 1.6 米，女的更矮，而今天我们北方人显然超过这个数。可是人们习惯于认为古代人又高又强壮，人们习惯于实际是想象中的东西。总的来说，古代并不像我们想象的那样，而考古学应当追求真理，告诉人家一个真实的古代，这是我们要做的。

我们还要时时警惕"美化过去"的思维，在研究选题上、宣传上都是如此。有一次，日本一个摄制组到中国来拍片子宣传中国文明，采访我。日本人采访完了以后，问我能不能讲一句话：中国文明是历史最悠久的文明。我说不能。因为埃及文明、两河流域文明都比我们古老。日本人不悦。但是我觉得实事求是更重要。学术研究要有科学的态度，要追求真实。有些研究，比方说研究古代灿烂的文化，研究中国文明的起源、中国文明的特质等等，多多少少都带有"古代的真实"与"真实的古代"这样的不同倾向。有时候人们主观意愿上并不是那么想去获得真实的知识，可能还带有感情色彩。但考古学作为一个学科，应该是冷静的。冷静地对待过去是我们的历史任务。

真实的古代是什么？举个例子，古代文献说圣贤商汤曾经"祷雨桑林"。大家觉得那是一个圣贤辈出的时代。商人创造了甲骨文，制造了大量的铜器、玉器。我们现在一谈到铜器，最辉煌的时代就是商朝。可是商朝是个什么时代？如果真实地描述商王朝，除了它灿烂辉煌的一面，还有阴暗的一面，还有让我们叹息不已的一面。甲骨文里最发达的一个概念、表现形式最丰富的概念是什么？是"杀人"。甲骨文中跟杀人有关的字很是发达。比如"征伐"的"伐"，意思是用铜戈把人脑袋割下来。"子丑寅卯"的"卯"，是把一个人劈成两半。"岁岁年年"的"岁"，也是把人头割下来。"我为鱼肉，人为刀俎"的"俎"原意是把人剁成肉酱。这便是商王朝的阴暗面。中国现在发达了，我们心态要放平和。考古学要还原一个真实的古代，让"真实的古代"变成"古代的真实"。

下面讲中国考古学的另一个问题，中国考古要在文化逆差问题上承担责任。

在文化的进出口方面，考古学是什么情况呢？我们的方法是从国外进口的，我们的技术是从国外进口的，考古学方法里的地层学、类型学，包括同位素研究等等都是"进口"的。我们的解释理论实际上也是从国外进口的。比如说国家的起源、文明的起源是发展研究:最初是引进摩尔根的蒙昧、野蛮、文明三阶段理论;接着是马克思的社会发展五个阶段理论;接着是塞维斯的群团社会、部落社会、酋邦社会、国家理论;最近几年西方的理论变了,我们也学西方把国家分为城邦国家、地域国家。我们用的全是人家的概念。难道中国就没有自己的解释语言吗? 难道我们的知识就不能出口吗? 我们的考古学应该承担这个责任,在国家文化逆差上做好自己的事情。过去我们大量进口技术、方法,而我们只输出材料。材料要讲,但更要讲从材料中得出什么结论。要讲我们自己的方法、知识、结论、解释体系。中国考古学正处在这样一个阶段,就是它可以不再单纯输出材料,而是同时可以把知识、解释理论输出去。虽然不能高高在上,但可以跟国外的学者平起平坐。我们在文化上,达到进出口的平衡。

中国考古学所面临的第三个大问题,就是没有做到广泛地服务当代社会。考古学是一门可以提供关于过去知识的学问。长期以来人们认为考古学主要服务于两大任务:古代是什么样子,古代有什么规律,至少多数人是这么理解这门学科的。但我有不同的看法。我认为,考古学是通过地下遗迹遗物研究古代社会,并利用古代资源服务当今社会。

从普遍意义上讲,考古学某些功用十分明显,第一,考古学可以满足人的好奇心。英国人格林·丹尼尔当年就讲考古学可以满足人的好奇心。第二,考古挖出文物,文物可以保值。第三,考古可以为政治服务,解决争端。南海问题,我们多少年前就有人在那活动,它确实也是一个证据,可以为政治服务。第四,它可以获取"关于过去的知识和规律"。告诉我们过去是什么样,指导我们必要时复原它;另外,为什么今天我们会发达,为什么发展这么快,肯定有历史的原因,可以在过去的历史中找规律。第五,考古学可以训练人的思维。考古学的思维跟历史学、数学、哲学都不一样。考古学关注的问题经常有很长的时间维度。从史前时代，人类怎么走过来。社会怎么样由简单发展到复杂，最后发展到国家，发展到今天。时间维度，可以是几百年、几千年、几万年。思考问题的时候，考古学更关注大趋势，这种训练是种很独特的训练。最后，考古学可以向社会提供直接的文化产品。

综合一下，我觉得考古学的未来不仅仅要复原过去，可能要乐见所谓纯洁性的丧失，要更广泛地服务于社会。国家花钱把文物从地下挖出来，仅仅把挖出的文物作为展览品或者仅仅写进文章里是不够的——虽然这样很重要，我们的文化遗产、我们的资源、我们的古物要承担更多的社会责任。

20世纪七八十年代的安阳殷墟遗址，外观上仅仅是普通的华北农田，你告诉社会说这片农田便是商朝的都城，谁会去参观呢？谁也不会去的。2001年，我们做了一个工程，就是把安阳殷墟申报成世界文化遗产。经过若干年的改造，殷墟的面貌变了，它变得很漂亮，老百姓就来了。申报成功，不仅仅意味着我们有了世界文化遗产的头衔，更重要的是它改变了遗址的地貌，改变了人们对遗址的感觉。

我们国家的经济发展了30年，国力强盛了，可是很多地方还很脏、还很烂，甚至是不安全，至少是不美。古遗址就可以承担改变地表面貌、增加吸引力这个功能。很多城市圈地搞公园，花钱很多，得到的只是一块绿地。如果把公园建设与考古资源结合起来，把公园建到古代的遗址上，公园就有了灵魂和文化内涵。老百姓来到这个公园不仅可以呼吸空气、欣赏绿色，还可以静下心来感受一下古代，学习祖国的文化，这不更好吗？何况如果把公园建设与遗址保护结合起来，再引入环境保护的概念，那么我们国家在30年经济高速发展以后，地貌就会变得更美；我们大量地方就可以变成有文化、有内涵、有绿色的文化景观;我们国家就不仅是一个强调 GDP 的国家,更是一个美丽的国家、富氧的国家,是一个有文化有内涵的国家。我们考古学是不是该担起这个责任来?这样的工作,考古学家应该义不容辞去做,这是考古学的责任。

我还以亲身参与的事情来举例说明考古学怎么服务于社会。

2006 年 30 多平方公里的殷墟世界文化遗产申遗成功以后,遗址上的老百姓还过着贫穷的生活。为什么呢?因为这是遗址,老百姓不能建房、挖土,也不能办工厂,以免污染环境。他们只能种点小麦、蔬菜,剩下的时间只能闲逛。考古学家是不是有责任考虑如何让考古资源更好服务于社会?殷墟遗址内居住着两万多人,难道这两万人为了文化遗产保护就要受穷吗?这是不合理的。我这几年一直在考虑这个问题,想解决这个问题。于是我想了一个概念——"殷墟米"。甲骨文中有很多关于粮食的字,但是并不知道是什么粮食。到底商人吃什么?经过研究,我们用碳 13 和氮 15 的技术证明,商朝人吃的是小米。我们用浮选法从商朝的地层里也找到了小米。现在已经有足够的证据表明,小米是商人的主粮。恰好安阳有个马投涧乡,这个乡的小米本来品质就不错,但只是个地方品牌,没有推广出去。何不建议政府让百姓种小米,把它命名叫"殷墟米"?这是殷墟土地上生产的小米,养育了商朝八代十二王。当然要保证种植的小米是绿色食品,并且要对"殷墟米"进行包装。用纸模拟商代铜器来包装。殷墟范围里,30 公分以下都是商朝的地层,建筑、墓葬等遗迹不能动,能动的只有这地表 30 公分。何不在殷墟保护范围内种上小米?

所以,考古学要更多地参与社会,要思考社会的问题,要思考文化赤字,要让考古的资源跟社会经济发展相匹配。如果考古资源只用来写几篇文章或者解决其他小问题,文物就入库了、上架了,这是对文化资源的浪费。

如果考古学能够灵活、广泛地利用考古资源,我们的社会会是什么样? 我们公众对文物保护的自觉性会是怎样? 我们的国际地位难道不会随之提高吗? 所以,中国考古学当前存在的根本问题不在于个别的技术方法,而在于理念。考古人的脑子里要装着社会,装着时代,装着今天,装着明天。

我认为基本的考古活动,除了调查、挖掘、整理、研究外,还要加上应用,考古学可以是一门应用科学。我们的学科要有更开放的心态,要勇于走进社会承担责任。我期待这个学科有了这样的理念以后,能够为我们国家带来更多的地貌改变,让我们国家变得更漂亮、更美。

（讲座时间:2009 年 5 月）

楼庆西

中国建筑的木文化——户牖之美

楼庆西,1930 年生。1952 年毕业于清华大学建筑系,现为清华大学建筑学院教授。长期从事中国古代建筑的教学与研究工作。近十余年致力于中国乡土建筑的调查研究。主要著作有《中国传统建筑装饰艺术》《中国传统建筑文化》《乡土建筑装饰艺术》《中国古代建筑二十讲》等。

很高兴能够来到文津讲坛，今天我讲的题目是"中国建筑的木文化——户牖之美"。

中国古代的建筑如果和西方如意大利、埃及、希腊的古代建筑相比较，最大的区别就在于所用的材料不一样，中国古建筑是以木材做结构体系，而西方古代建筑以石材做结构体系，我们中国古代工匠用木材盖起了房屋的框架，做成了房屋的门窗，从而也形成了一种特有的木文化，今天我就以门窗为例来说明这种现象。

老子在《道德经》里说过，"凿户牖以为室，当其无，有室之用"，意思是讲把一座四面有墙的房屋，在墙上开门开窗，那么墙里面的空无一物的空间，正是我们栖身的居室。这说明凡是建筑，除了一些特殊的类型，比如纪念碑之类，其他的所有建筑都有门有窗。门是干什么的？从物质功能来讲，它是供人们进出用的；窗是干什么的？一是通风，二是采光，第三可以通过窗口观察户外的风景，对园林建筑来讲尤其重要，这是它的物质功能。

我们早期建筑的门窗是什么样子？因为早期建筑留存到现在的很少，比如两千多年以前秦汉时期的建筑，从文献记载上看，有宏伟的宫殿如阿房宫和汉代许许多多庞大的宫殿群体，但是遗憾的是现在都看不见了。我们能看见的就是地上的一些瓦片、石阙，然后就是坟墓里面出土的冥器，也就是用陶做的建筑模型。汉代的冥器从模型上看，它的窗户上有十字形的或平行的格纹,门上还有门环。

现在留存下来较早的唐代五台山佛光寺是一座很有名的寺庙,距离现在有1000多年了。它的门就是木板做的,用木板拼接起来,叫做板门。窗户是由直棱条木头拼成,里面糊上白纸,这就是唐代通用的门窗形制。

到了宋代,门窗就有所发展了,我们从遗存下来的建筑上可以看到一些寺庙的门窗,门已经变成隔扇门了,上面是槅心部分,可以采光,这部分的窗花是用木条拼成各式各样的花纹,在一栋建筑上花纹还不一样。在宋朝完成的一部《营造法式》中,把当时的门窗归纳成几个类型,其中比较通行的叫做格子门。所谓格子门,就是分两个部分。第一部分是槅心部分,用来采光通风,这部分要糊纸,当时没有玻璃,所以必须有很密集的格纹来组成一个窗框,第二部分是底下的木板,叫做裙板,它是不透风、不透光的,这种格子门是当时最主要的门扇形式。

到了明清以后,我们就可以看到形形色色的门窗,其中最讲究的是宫殿,譬如北京的紫禁城,紫禁城宁寿宫的皇极殿的门窗都是红油漆涂上金,上面还装饰了龙纹,这是当时最讲究的门窗。

我们在农村见到的祠堂或者寺庙的门窗,一大排窗户上面也有密集的窗格。到了明清以后,门窗上开始用玻璃,所以它的格纹就比较稀疏了。南方园林的窗户不但通风采光,而且还可以从窗户观望风景,有观景的作用。住宅的窗户,上面是糊纸的部分,也有很漂亮的窗格,把它组织成格网,格纹有的稀疏,有的比较密集,非常秀美,有圆形、方形、扁形等各式各样形状的窗户。

我们中国古代建筑还有一个特点,就是群体性,它不是以单座来取胜,如果以单个大小来论,比起西方古代建筑,比起他们古代的神庙、教堂，我们的古建筑就没那么大，最大的是紫禁城太和殿——封建皇帝上朝举行大典的地方也不过60米的面宽，高度才20多米，不到30米，算上底下三层台基也才30多米，但是它以群体性著称。我们整个紫禁城占地72万平方公尺，它的建筑有16万平方公尺，由近千栋大大小小的建筑组成建筑群。

一个城市也是由若干个建筑群体来组成。所以如果讲门，外有城门，内有宫门。拿明清两代的都城北京来讲，有外城的城门，内城的城门，还有皇城的城门。天安门就是皇城的南门，然后再到紫禁城。紫禁城的大门就是午门，午门采取高台上建立一座大殿的形式，两边还往前伸出去，成一个环抱形的门，叫做阙门。这种形式在古代门中是档次最高、规模最大的门。

紫禁城里面第一个大的建筑群，就是前三殿，即前朝，太和、中和、保和三大殿组成的建筑群，是皇帝上朝用的。这个建筑群的大门叫太和门。太和门比午门就低一档，没有那么高的城台，但是它也是宫殿式，所以称殿式大门。再往小的说，大家熟悉的北京四合院，有外面的大门，还有内院的大门，内院的大门一般是垂花门，因为它两头有一个垂花，垂花门也是一个建筑群体的大门。

南方的住宅也有内院的门，但它不是垂花门，而是有砖雕门头的一种砖砌的门。南方园林占地都不大，不像颐和园占地290公顷、圆明园占地300多公顷，只有几十亩甚至几亩小的地方，为了造成多变的空间，往往由廊子、围墙把它分割成若干小空间，在围墙上要开一些空格的窗户，从这边能看到那边，叫做分而不隔，这样既分割了空间又互相渗透。窗户上的窗格花也都不尽相同，是用瓦、砖拼合而成的，远看一样，近看不一样。更有的窗户既没有窗扇也没有窗格，是个空框子,这种窗叫做空窗,空窗是用来观景的。苏州留园大门很小,由狭窄的走道一层层引着往里走,走到中间,有一个空窗,通过这个空窗可以看到前面不远处又有一堵墙,这个墙上又开一个空窗,从这个空窗能看到园林里面的植物花卉、亭台楼阁,可以引导游人一步一步地往里走,这就是空窗的作用。还有的在墙上做出窗的样子,实际上不是窗,叫做打不开的盲窗,只是装饰用的。从这些门窗我们可以看出,从城门到宫殿的宫门,到院子的院门,再到房屋的房门,其实要经过若干道门才能够真正进入房间。

今天我们集中讲房屋上的门窗。中国木门窗有几大特征:

特征之一:开设房屋门窗的随意性。中国古代建筑是用木柱子承重,屋顶的重量通过梁架传到木柱子,经木柱子传到地面,而柱子之间的墙壁是不承重的。就是说如果把房屋的墙推倒了,门窗拆除了,房子依然站在那,这就是我们中国古建筑特有的墙倒屋不塌的现象。当年云南的丽江古城申报世界文化遗产,联合国教科文组织派专家到丽江视察,正好丽江发生大地震,古城的房屋虽然有些墙倒了,但是房子依然存在。丽江最终能成为世界文化遗产就是由于我们中国房屋木结构的优点。西方的古建筑不一样,西方古建筑的墙是承重的,所以墙上门窗不能随便开,开大了也不行,而中国不一样,中国可以开整面的,柱子之间全是门窗,这就是我们所说开设门窗的随意性。

拿山西的一个四合院来讲,可以两个柱子中间全部开成隔扇门,也可以在墙上开一些局部的窗户,局部的门比较随意。还有一个特点,中国是院落式的建筑,四合院住宅、故宫、寺庙、园林、陵墓都是院落,从小到大都是建筑群体。院落对外很少开窗,所有的门窗主要是朝里面开,所以就更自由了，这也是一个特点。故宫大殿，整个往里都是开的门和窗。南方的祠堂，楼上楼下、柱子之间全部都是窗户。外部如此，内部两个柱子之间也可以安门、窗，都比较自由。

特征之二：以礼治国，以礼建房，以礼用房，等级分明。礼是人们行为的一种规范，长期的封建社会靠礼来治国、来统治，天地君亲师，它规定的等级，都得服从，所以礼说到底就是一个等级制。这种等级制既作为人们行为的一种规范，同时也表现在建筑上。紫禁城建筑规模最大，颐和园、圆明园为什么占那么大地方？因为它是皇家园林，这是以礼建房。什么是以礼用房？拿我们北京的四合院来讲，有正房、厢房，有倒座，有后罩房，它们是供不同等级的人使用的，正房坐北朝南，方向最好，冬天阳光最多。谁住？老爷子，父亲、祖父住。厢房谁住？儿孙辈住。倒座谁住？仆人住。所以它是有等级的，这就是以礼用房。这种等级同样也表现在门窗上，等级除了以建筑的类型、房屋的位置来分，还要按门窗的位置来分。

礼制还决定了以中为上，什么重要的东西都要放到中间。北京城有一条从南到北的中轴线，所有重要的房子都放在中轴线上，南起永定门，经过正阳门到天安门，这是皇城正中的大门，然后进紫禁城大门午门，午门后头是太和门。太和门后头太和殿、中和殿、保和殿。这是前朝三大殿，都在中轴线上。再往后走，进乾清门到了后宫。乾清宫、交泰殿、坤宁宫，这是后宫的三大殿，也是在中轴线上。一直出了神武门，再上景山，万寿亭也在中轴线上，一直到最后的鼓楼、钟楼压轴。从永定门到钟楼长 7500 公尺，这是世界上最长的一条中轴线，所有重要的建筑都在中轴线上。这是指我们整个都城的布局来讲。

从一个家庭住宅来讲，家庭最主要的正房也在中轴线上,正房中间有个堂屋,堂屋中间有个条案,条案放在后壁上,条案最中间位置,农村放祖宗牌位,所以以中为上。再来看门窗。太和殿在中轴线上,它的中间门窗是最主要的,中间的开间特别大,中间的四扇门窗也特别宽,旁边的则小很多,这就是以窗户的位置来分。太和殿的隔扇以龙作为装饰,龙象征皇帝。裙板上中间是双龙戏珠,两条龙中间一个火珠。为了防止门窗变形,在隔扇的边框上加一些金属件把它固定,称为叶片。在这些叶片上也压了很多龙纹,拿一扇隔扇来讲,有 57 条龙,有人统计过,整个太和殿,门窗、彩画、里面的天花、藻井,包括皇帝坐的御椅,后面的屏风,一共有12654 条龙。

　　紫禁城主要几座大殿上的隔扇槅心的形式是三条棂条组成的一个菱花,建筑上叫做三交六椀菱花窗。三交六椀菱花窗是所有宫殿窗户中最隆重最高等级的窗户。次一级如太和殿旁边的偏殿,它的槅心是两条棂条双交,四条棂条组成一个菱花,称双交四椀菱花窗。再次一级如大臣等候皇帝上朝的朝房,这种窗户的槅心是用简单的木条组成十字格,有正十字格、斜十字格,称方格窗。如果再次一等,例如太和殿旁边存放皇帝上朝时仪仗队的一些仪仗用品的库房,用的是直棂窗。所以沿太和殿前面院子里的四周围走一圈,拿门窗隔扇的心来讲,三交六椀菱花窗、双交四椀菱花窗、方格窗、直棂窗分别用在四个不同等级的建筑上。另外还有一种步步锦的窗户,就是在槅心部分用一道棱比一道棱紧缩的式样,它常用在主要殿堂四周的庑房的隔扇上。再拿山西的一座住宅为例,中间是正房,两边是它的耳房,正房的三个开间都是隔扇门,耳房中间是隔扇门,两边就是墙窗了。拿窑洞来讲,一排窑洞,中央的窑洞中间是隔扇门,两边是窗户,两边的窑洞旁边是隔扇门,门在旁边,另一边是墙窗。

特征之三：门窗的双重功能。建筑有物质与精神的双重功能，所以门窗除了它的物质功能，供人进出、采光、通风、观景之外，还同时有它的艺术功能，就是它的装饰功能。拿紫禁城来讲，紫禁城有 16 万平方公尺左右的建筑近千栋，它满足皇帝从上朝到他的日常生活、宗教信仰、祭祖宗、游玩休息的各种需要，这就是它的物质功能。同时，紫禁城从它的布局、色彩设计、建筑形象都要表现出封建帝王至高无上的权威，建筑的宏伟体现君主的天下第一，这就是它的艺术表现能力，即艺术的功能。门窗也是一样，既有它的物质功能又有艺术装饰功能。那么门窗的装饰表现什么内容？它采用什么手段、技艺来表现呢？

拿南方的隔扇来讲，上下分为槅心、裙板、绦环板三部分。槅心装饰着六边形，因为乌龟龟壳上面的龟纹就是六边形，所以称为龟背纹，旁边还有一些团花，糊上白纸，透光、透气。底下的裙板上有木雕刻，浅浅的一层木雕博古架，博古架上陈列了一些花卉、盆景。绦环的装饰是一个隔扇一个内容。有时候一个院里一排隔扇，横着看过去好像连环画似的，雕刻着历史故事、戏曲场面，所以一个隔扇的三个部分都经过了装饰，都有了美的形式。这些装饰不仅好看，而且都有一定的人文内涵。任何装饰所表现的内容都有时代性，在长达两千年的封建社会里，封建统治的思想是忠孝仁义道德、福禄寿喜等，这是上至统治阶级，下至老百姓都信奉的人生理念，在建筑装饰里表现的也是这样，比如说在福建的一个住宅的隔扇的槅心上，就分别雕了孝、悌、忠、信四个字，这就非常集中地表现了建筑门窗雕刻所要表现的思想内容。有些窗上的花格，直接用"日日有财见"、"招财进宝"组成花纹。用文字直接表现人文内涵的不是很多，多数是采用具有象征性的人物、动物、植物、器物以比拟的手法表达一定的人

49

文内涵。下面举例说明。

龙。龙是中华民族的象征。汉高祖自称为龙子,从此皇帝成了真龙天子,由龙子来统治天下,因此皇帝穿龙袍、坐龙椅,皇帝用的器具上有龙的装饰,一个太和殿不是有 12654 条龙吗? 但是在汉高祖宣称自己是龙子之前,龙早已是我们中华民族的一个图腾象征,所以尽管明清两代朝廷规定在皇帝的宫殿、园林、寺庙、陵墓等建筑上用龙装饰以外,其他一律不许用龙装饰,但是这种禁令在北京和都城附近还能够得到贯彻执行,一远离京都就不能得到控制。第一,龙早已是图腾象征,早已深入民间了;第二,天高皇帝远,难以控制,所以在地方的寺庙上照样用龙做装饰,有用整条的龙,也有用龙的变形,龙头、龙身、龙爪用植物卷草纹代替的,叫做草龙;用回纹来代替的,回纹拐来拐去,即拐子纹,叫做拐子龙。草龙、拐子龙是龙的一种变体。因为卷草纹、拐子纹变化自如,可以使用在建筑的每一个局部。

蝙蝠。蝙蝠颜色像耗子,但是有翅膀,是夜行动物,所以我们古建筑的天花板上是蝙蝠最好的栖身之地。梁思成先生在调查古建筑的时候最讨厌的就是蝙蝠。据生物学家说,蝙蝠身上可能带有病菌,那这种其貌不扬的东西为什么频频出现在我们的建筑装饰里面呢? 就是它的名字好听,蝙蝠,谐音就是遍地是福。谐音象征性是我们建筑装饰中间非常常见的一种现象。在工匠的手里,蝙蝠被美化了,有时候美化得像蝴蝶一样。

鱼。鱼有多种象征性,鱼多籽,多子多孙是我们封建时代家庭所追求的。鱼的谐音是富富有余、年年有余,所以在一块隔扇板上可以看见很多鱼游弋在水纹中间,隔板底下是鱼,上头是龙。有一个神话叫鲤鱼跳龙门,鲤鱼是凡物,龙是神物,鱼通过长期的修炼跳过了龙门,就可以变成神龙,它象征着人们只要不断地苦苦修炼，就能够一步登天。这就是鱼的象征和比喻作用，因此鱼在建筑装饰中经常能见到。

梅花、莲荷。梅、竹、松是"岁寒三友"。梅花加喜鹊，寓意喜上眉梢，这又是谐音的装饰。莲荷，李时珍在《本草纲目》里对莲荷的生态和象征意义说得非常透彻，莲荷出淤泥而不染，莲藕质脆而能穿坚，居下而有节，包含着很深刻的人生哲理，所以国画中有很多莲荷题材的，在建筑装饰中也常见莲荷的木雕和石头的莲花座等，象征着吉祥，有时还把仙鹤跟荷花放在一起，仙鹤形象好看，而且象征长寿，通过它们的谐音，有和（鹤）合（荷）美好的寓意。

瓶。瓶中插四季花，寓意"四季平安"。瓶子两边或者中间插上三戟，戟是古代的兵器，寓意"平生三级（戟）"，即连升三级官。

博古器物。古代文房四宝、香炉、盆景，象征着博古通今，有学问，这些都是文人的追求。存放这些器物的架子叫做博古架，有的博古架下面还有四样东西：古琴、棋子与棋盘、一函书、一卷画。琴棋书画也是文人的追求，这种琴棋书画博古器物也经常出现在建筑装饰中。山西的晋商大院、乔家大院、渠家大院、曹家大院、王家大院，装饰铺天盖地，用圆雕、深雕、透雕等各种技法直接把富有象征意义的兰花、竹子、梅花、字以及成群的人物和戏剧场面雕刻在窗户上，狮子用圆雕，"双狮耍绣球，好事在后头"。喜鹊和梅花，"喜上眉梢"，用高雕加透雕。博古架上器物多，同时用透雕、高浮雕、浅浮雕、线雕，线雕就是用刀尖在木板上刻成线，有的染上黑色，有的不染，一个戏曲场面就栩栩如生地表现在那些裙板上。

在宫廷建筑上，除了这些手段以外，还综合运用了各种工艺，尤其在宫廷的室内隔扇上。因为室外风吹雨淋，容易损坏,这些细致的东西不容易保存,因此更多地表现在宫廷的内部,比如紫禁城大殿之内的隔扇,整个槅心板用绢画或者木板上的画来进行装饰,而且隔扇所用木料都是高贵的紫檀木、楠木等。有的裙板上雕刻很高,其实不是雕的,而是贴上去的,叫做贴雕。香炉、盆景、瓶子等等一件件雕刻贴在木板上,展示了高超的贴雕工艺。还有如北京四大工艺(牙雕、玉雕、景泰蓝、雕漆)之一的景泰蓝,景泰蓝不变色,但工艺很复杂。用铜片压出来的一些浮雕把它嵌在隔扇的裙板上,把玉雕也嵌在裙板上。

除此以外,还可以用色彩来表现。先看宫殿的色彩,黄色琉璃瓦的屋檐底下是青绿色的彩画,青绿彩画的底下,是大片红色的门窗柱子,然后有白色的台基,故宫三大殿底下有三层台基,全部是汉白玉的石头,再就是灰黑色的砖地面。蓝色和黄色,在色彩里是对比色,也叫互补色。蓝绿跟红色、黑色跟白色也是对比色,凡是两种对比色放在一起,它所产生的装饰效果、色彩效果就会更加鲜艳、浓烈,这种色彩效果正是我们宫殿建筑所要求的,它表达出宫廷建筑的宏伟与灿烂。宫殿的门窗以红为主,红中间有金,太和殿的隔扇上龙是金的,叶片是金的,边框的条纹是金的,三交六椀菱花窗的菱花芯的钉也是金的,这些金跟彩画里的金上下互相映衬,所以尽管红和青绿是绝对的对比颜色,但是由于大量使用金,二者之间就调和了。金颜色近黄,但是有光泽,金又非常贵重,所以它是一种很高贵的装饰色彩和用料,皇家建筑才能够大量用金。所谓贴金就是将金箔贴在油漆的表面,大红贴金就成了宫殿建筑特有的门窗色彩。再转到宫廷内部,一些装修很讲究的有多种工艺装饰的门窗,在它原来的木料的本色上敷设上一种很高贵的色彩。比如故宫有一种隔扇,以黑漆为底,上面绘图案,叫漆画。漆画不容易褪色,所以我们汉代的坟墓里面出土的漆器有的依然是那么鲜活，就是这个道理。景泰蓝也一样，由于它工艺特殊，所以经久不变颜色，用在门窗装饰上，它的色彩效果能够保持很长久。

南方园林的门窗大多数保持木料的本色，用细致的雕刻来取胜，室内很素雅。但寺庙就不一样了，尤其到地方的寺庙，什么热闹的装饰、什么装饰效果、什么装饰内容都能见到。佛教的最典型的标志性形象是莲花，所以佛座叫莲座。莲花清静无为，出淤泥而不染，它是佛教的象征。佛殿里佛像下面的须弥座，都有莲花瓣作装饰，佛穿的衣服上也有莲花装饰，敦煌石窟里很多天花板上面都有莲花的藻井。一些庙里面可以看到龙和其他植物的装饰，云南一座寺庙的厅堂中央开间，一共是六扇隔扇并列，上面雕刻着一棵梅树从左到右贯穿在六扇槅心上，树上停了很多喜鹊，有的喜鹊在对话，有的飞翔在花朵中间，有的停在树枝上，但是每一扇隔扇又独立成为一个很完整的画面，构思很巧妙，它是我们工匠的创造，既有整体感，又能独立成章。这是在寺庙的隔扇上看到的一种五颜六色的隔扇的装饰效果。四川一些寺庙隔扇的装饰又是一种风格，用很简单的几何形体，涂了一些不同的颜色，颜色的种类不多，青红两种颜色，配置得当，组成一种锦团似的纹样，叫做锦纹，像纺织品上的织锦一样，非常美丽。山东栖霞县一座住宅大院的门，完全利用一些建筑材料本来的颜色组合起来，黑色的板门，上面有绿青装饰；门两边要安门框，所以用了砖柱子，底下用石头做墙基，避雨防潮。白墙、灰砖、浅赭色的石头，这都是建筑材料本身的颜色，看上去很舒服。再看农村的门窗，山西农村住宅的门窗，从外往里看，看不出什么色彩，从里往外看则不同，因为主人是坐在炕上由里往外看，山西有剪纸，一些老太太就坐在炕上剪纸，剪了纸花就贴在自个儿窗户上，美化环境，很朴素，也很漂亮。

特征之四：门窗形态的多样性。因为建筑有不同类型，有宫殿、陵墓、寺庙、园林、住宅、坛庙；又有不同的地域，中国地域很辽阔，民族众多，各个民族有各自的特点，因此产生了门窗的多样性。尤其在农村，农村的建筑称为乡土建筑，从建筑类型来讲，它没有城市建筑那么多，无非就是庙、祠堂、住宅。从结构体系来看，它没有城市里的那么完备。从装修装饰来讲，它远没有城市建筑那么讲究。但是它有它的自身特点，是用当地的材料、由当地的工匠运用当地的传统技艺，建造出适合当地地理特征的、老百姓喜欢的各类建筑。这里用了四个当地，再加上封建社会长期的对外闭关自锁和对内缺少交流，所以一个地方它所形成的一种技艺、建筑做法，很容易在这种封闭的情况下自成体统，形成一个当地的传统与风格特征，这就是我们乡土建筑所以有多样性的原因。

西藏的寺庙大，地方风格特别浓厚，石头的建筑、粗犷的质地、浓烈的色彩加上佛教的内容，而且节日多，活动也多，形成了西藏建筑一种特殊的地方风格、民族风格。当地佛寺的门也有它的特点，一座板门，门环很大，门框上都有装饰，门头也特别大，用大斗拱把它托起，门两边还有门套，形成一个具有很浓烈西藏风格的大门。再看山西大院的门，它也是装饰很华丽的，每一个住宅群的中心厅堂的前面几乎都有个门斗，上有屋檐，下有柱子，像垂花门似的，跟西藏的不一样，地方风格很明显。南方的市镇上，临街道的住户或者商店都用板门，板门一打开，鸡鸭都进去了，所以前面有个矮的栅栏门，这种门一家一个样。有的同样的比例，划分为三段，但门上的花饰不一样。一路走过去，几乎找不到一样的，这就是工匠的个人创造。再看四川凉山彝族，彝族在新中国成立前还停留在奴隶社会，所以它的建筑文化是不发达的，即使奴隶主的房子也非常简单。这几年老百姓按照传统习俗盖自己的住房，也有一个矮门，大门打开了有矮门挡住鸡、鸭、猪。做工灵巧，形式美观，有很多人文内涵。各民族、地区、地方的工匠不一样，传统不一样，因而产生了不同的形式。

再看窗户。西藏的窗户，窗头底下有些椽子，窗套和门套一样，呈梯形，黑色，白色的墙，颜色非常的浓烈。再看山西大院的窗户，墙上开个窗，因为是砖墙，自古以来山西砖瓦琉璃手工业很发达。山西古建筑很多用琉璃瓦顶，山西大院都是一片砖房。窗上面多用砖发券，窗户里面的格纹每个建筑都不一样，但是总体上它的风格跟西藏不一样。再来看园林中的墙窗，宫殿的墙窗，也是廊子上的窗，窗户有树叶形的，有十字交叉形的，各式各样的形状，所以叫花窗。颐和园乐寿堂慈禧老佛爷住的地方，前面有一排廊子，单面廊，一面是白墙，白墙上开了一系列的花窗，从乐寿堂外头看，好几十个排成一条线，非常好看。恭王府是目前北京保留下来最完整的一座王府，规模比较大，墙上有一系列的窗，窗框不但厚，而且框上都有雕花，中间的窗芯是用红绿木条结成的格网，它是北方官式建筑的风格，厚实、敦实，比较笨重。南方例如苏州园林和住宅的窗户，拿边框来讲，也是砖的，细细的一条边，近看上面还有些棱角，砖都经过打磨，砖缝很密，工艺很细，叫磨砖对缝。有的窗户是空窗，通风、采光外，同时还可以观景，窗框组成了一幅景，就像厅堂中间墙上挂了一幅画，所以我们叫它窗画。这窗画跟普通画不一样，它随着四季景观的不一样而变化，窗两边挂上对联，完全是一个室内的厅堂的布置，很像堂屋中间墙上挂了一幅画，两边配上对联。这种布置在南方的园林里常见到，窗户上有窗格，窗格透过去看见青绿色的芭蕉，窗两边挂对联，窗上有横匾，窗前一个桌案，案上一个盆景，这就是厅堂的布置，自然、生动，很有生气的一种厅堂布置。它与刚才看到的皇家园林就不一样了,这就是宫室文化跟文人文化的区别,这种区别同样也表现在门窗的形态与装饰上。

再看农村。浙江武义县郭洞村,一座住宅里面的窗户就很简单、漂亮。还有更简单的,都在同一座住宅里,由于不同的位置而采取不同的花纹,位置次要一点的,采光不好,所以窗户的空当要大一点;位置比较重要的,看的人多,窗花密集一些,上面三个雕花,是六条拐子龙。山西阳城郭峪村现在也是一个历史文化名村,村民喜欢把自己剪的各种花样与色彩的剪纸贴在窗户上作装饰,因而保留了他们住宅上的一些民间文化。再来看安徽黟县关麓村住宅(卧室)的窗,黟县属古徽州,徽州建筑很有名。我国世界文化遗产里列入乡土建筑的第一个就是安徽的西递村和宏村。徽商留下一批讲究的住宅,就像山西晋商一样,外面干干净净,白墙,里面很讲究。堂屋两边卧室的窗户是里头窗户的一个罩面,挂在窗外,名字叫护净,保护卧室的清净,这就是徽州住宅特殊的一种窗户。细看窗上还有蝙蝠、拐子龙、铜钱之类的装饰。窑洞的窗户不仅有方的,还有梯形和三角形的,形状不一样,每一种窗户上的花格也不一样。可以任意用各种花纹,没有规律,凭工匠的创造和主人的喜好。

清代以后,玻璃用在门窗上了,所以故宫的一些殿堂,比如说坤宁宫的门窗就改成玻璃的了。用玻璃以后门窗上就不需要有密集的格子和糊纸了,但是仍保留着一部分窗户的格花,完全的玻璃窗缺乏艺术性。山西农村也有了玻璃的窗户,中间是玻璃,四周有格条,剪了几个剪纸贴在上面。广东的玻璃窗具有自身的特点。广东的一些祠堂、寺庙、有钱人家的住宅窗户上往往可以看到刻花玻璃。例如广州陈家祠堂,它是广州陈姓家族的总祠堂,规模比较大,装饰很多。刻花玻璃的特点是从暗处往亮处看非常好看,一幅幅的植物花卉、喜鹊、小鸟都刻在玻璃上。隔扇的槅心部分,一个青绿色的叶片,上面精细地刻着蜜蜂、蚂蚱,完全是一件工艺品,工匠把他们的技艺和创造性都表现在他们的作品上。放眼全国,各地窗户上的装饰多姿多彩,有复杂的,也有简洁的。浙江俞源村住宅厅堂的两个大圆窗户,面积很大,格纹很密,中心是用两条龙组成一个禄,另外一个窗户的中心组成一个福,福禄是人生的两大追求。南方也有冰裂纹装饰的窗。冰裂纹上用梅花来点缀,其含义很明白,冰天雪地,万花凋零,只有梅花独放,所以梅成为"岁寒三友"之一,这就是它的人文含义。

门窗是建筑的一部分,因此门窗文化也是建筑文化的一部分。有的门窗已经减弱甚至丧失了原来的实际功能,而成为一种大型的工艺品,一种表现木文化的艺术作品。浙江永康厚吴村的司马第住宅,一进去,主要厅房的一面全部是窗户,密密麻麻的,既不透风又不采光,它几乎丧失了原来窗户的物质功能,这种窗户实际上已经变成一个纯粹的木雕艺术品了。

福建农村有一组住宅的隔扇,槅心部分底下有一层卍字纹,万佛万财,表示多。卍字纹上面再雕一层亭台楼阁和人物,这是正面,一般的背面或者糊张纸,或者不糊纸,有的在卍字纹后贴块板,板后头又雕上卍字纹、人物楼阁,一共是五层,当然是不透风、不透气。有的窗户上雕着盆花,像蝴蝶似的蝙蝠,用的是透雕,非常精细,其效果就像北方农村的剪纸一样,但是它是用木头雕刻出来的。还有各式各样的人物,有时候是八仙,有瓶中插戟,冰裂纹上有梅花,有草龙,各种具有人文含义的形象穿插在中间,整体上非常清爽。

这种窗户既然成为有独立欣赏价值的艺术品,它就开始离开了建筑，独立出来了。太和殿里面皇帝宝座后头有个7扇的屏风，屏风也可以看作是一种隔扇，乾清宫里也有一个皇帝宝座，后面是5扇屏风。民间也有，福建的一个有钱家族里一共12扇屏风，可以把它拆开来。平时不用，到了过年过节，主人过生日，把它搬出来放在座位后头陈列出来，它上面有很细的雕刻。隔扇在现实生活中已经成了一种艺术品，一种时髦的收藏珍品了。著名的收藏家马未都先生收藏了大量非常精美的隔扇，他为此编辑了《中国门窗》一书，充分展示了古代门窗的文化。

现在，这些精美的门窗离开了建筑，变成一种独立的文化产品、艺术品，被广泛地用在各个场合。打开电视，有许多节目的主持人后面背景是隔扇，也可以把它称为屏风。五星级宾馆、高档一点的餐厅，墙上挂的也是这种窗扇。当然其中有真的是从建筑上挪下来的，也有新做的，把它做成一个独立艺术品，而且把它做旧。还有一些会议厅，把隔扇放到天花板上去了，挪了地方了，变成天花板上一种装饰了，这就是我们看到的木门窗文化。

原来我们生活里面的日常用品也形成一种文化现象，构成了我们中国特有的彩陶文化、青铜文化、瓷文化。这个道理是一样的，原来是建筑上不可分割的具有实际功能的门窗，现在变成了一种文化产品，形成一种文化现象，一种特殊的木文化。可以说它们和牌楼、垂花门一样是一种文化的载体。北京跟华盛顿结为友好城市，北京送给华盛顿一个大牌楼，立在马路上，外国许多城市的华人街街头就有牌楼，牌楼变成一种我们民族的标志、符号。垂花门也一样，现在的木门窗也成为表现我们传统文化的一种标志性符号了。今天就介绍到这里。谢谢大家！

（讲座时间：2009 年 8 月）

李伯谦

中国的青铜时代

李伯谦，1937年2月10日生，北京大学考古文博学院原院长，教育部人文社会科学重点研究基地北京大学中国考古学研究中心主任，北京大学教授、博士生导师，北京大学震旦古代文明研究中心主任。曾任国家"九五"科技攻关重大课题"夏商周断代工程"首席科学家、专家组副组长，国家"十五"科技攻关项目"中华文明探源工程预研究"主要负责人。主要著作有《中国青铜文化结构体系研究》及论文数十篇。

郭沫若有一本书叫做《青铜时代》，主要讲的是青铜时代思想文化方面的一些问题。今天，我想以中国考古学的发现为依据，来勾画出中国的青铜时代。

　　首先，什么是青铜时代？要讲中国青铜时代，要先清楚青铜、红铜、黄铜的概念。铜是一种自然界的矿物，自然铜，一般来讲属于红铜。在五六千年之前的新石器时代，人们制造石器，敲打矿石将杂质去掉后就出现这种红铜。中国的铜矿主要分布在长江流域、云南和山西的中条山一带，红铜因硬度不够大不能做成很大的器物，于是人们将它加热、熔炼，加入锡和铅就变成了青铜。青铜的颜色类似金色，容易生锈变成青色，所以叫做青铜。在中国古代的文献当中，把青铜做成的器物，叫做金。比如古代铭文记载，赏赐了黄金多少钧，即是指铜。而青铜时代，就是制造和使用青铜器的时代，与石器时代、早期铁器时代、机器时代等并称。

　　第二，关于中国青铜时代时间范围的界定。从世界范围来看，中国是较早发明青铜的国家。据考古证实，最早发现的铜是黄铜。当时人们利用铜矿的情况很复杂，其中有一种是铜锌共生矿，用它炼制出来的东西锌的成分比较多，就变成了黄铜。最早发现黄铜的地方是在陕西的半坡，在姜寨发现的一个铜片和一个铜管，用炭 14 来测定的年代在距今7000 年到 6000 年之间，属于仰韶文化的早期。之后又在距今 5000 年到 4000 年的龙山时代的河南、山东、湖北等地都发现了一些黄铜、红铜，甚至青铜制成的小型工具和装饰品。后来青铜发明之后，由于它比黄铜、红铜有更高的硬度，能制造大件的工具，很快就在社会生活中普及和传播开来。

中国的青铜时代一般来讲从夏朝开始。即公元前2070年。但是实际上在夏代初年的时候还不能制造大型的青铜器，并且青铜器也还没有占到绝对的统治地位。到了夏代的中晚期，才开始制造青铜的容器。关于中国青铜时代结束的时间在学术界的意见不完全一致，但基本上都认可是在东周，也就是春秋战国时期。有人认为春秋及其以前叫做青铜时代，从战国开始即进入早期铁器时代。确切地说，是战国中期以后进入到早期铁器时代，因为此时社会生活当中，铁器取代了青铜器，占据了主要的位置。所以我们认为中国的青铜时代是从夏代到春秋战国之际。

第三，中国青铜时代的发展阶段划分。前面提到中国的青铜器时代是从夏代到春秋战国之际，即公元前2070年到公元前476年，共有一千五六百年的时间。在这段时间中可将青铜文化的发展分为四个大的阶段。

第一阶段为初始时期。主要是夏代，即公元前2070年到公元前1600年。这个阶段青铜技术刚刚发明，早期只能铸造一些小件的青铜工具，如小刀子、小锥子等。到夏代的中晚期，才能铸造青铜容器。夏代的青铜容器最早发现的实物是在河南偃师二里头遗址。二里头遗址是1959年由当时已经70岁的徐旭生先生带领几个学生发现的。发掘工作到现在还在继续。发掘结果确定了偃师的二里头遗址即为夏朝最后一个国都的所在地，墓葬中出土的青铜器是我们中国出土的最早的青铜容器，共有四种，分别为：鼎、斝、角、盉。鼎是烹煮用的器物，角、斝、盉都是酒器，其中盉是带有管状流的。这四种是中国最早的青铜容器。这个阶段的青铜容器还比较粗糙,器壁较薄,花纹很少,或者是没有花纹,这就是初始阶段的特点。

第二阶段是初步发展时期。这个阶段处于商朝的前期,即公元前1600年到公元前1300年,大概有300年的时间。商朝最早的国都在今天河南省的省会郑州市,在这里发现了商汤所建的都城亳。这个商城有三圈城墙,里面是宫城,比较小;在宫城外边是一个内城,基本上是一个正长方形,每面城墙长1700多米到1800米,而且在内城的外边还有外郭城、外城,其规模为当时世界之最。在城中不但发现了很多宫殿的建筑基址,还发现了铸造铜器的作坊遗址,制造陶器、骨器的作坊遗址,还有随葬有青铜器、玉器的墓葬,以及当时埋下青铜器的窖藏。初步发展阶段的特点可以概括为:第一,数量多。除了之前在二里头时期发现的那四种之外,后来发现的青铜器种类几乎在这一时期基本上都有了,如簋、盘、壶、卣等等。第二是青铜器铸造的质量大大提高,器壁较厚,花纹增多,器型特别大。商朝建国后有过五次迁都,第一个都城是亳,之后为嚣、相、邢和奄。直到盘庚迁殷之后才稳定下来,商朝的前期和后期就是以盘庚迁殷来分的。前期即为青铜时代的初步发展时期,后期则开始进入第三个阶段。

第三阶段为青铜文化发展的鼎盛时期。时间是从商朝的后期到周朝的前期。西周的前期、后期的划分是从共王来分的,共王以前为前期,共王以后懿王开始一直到西周灭亡、周平王东迁东周开始为西周后期,大体时间是从公元前1300年到公元前900年。所谓鼎盛时期,是指青铜器的发展最为壮观和强大,表现在青铜器的种类最全,数量比商朝前期大大增加,制造的工艺非常讲究,在青铜器上开始铸造文字,铸有族徽和文诰的青铜器的花纹非常复杂,有一层、两层、三层甚至更多花纹。这一时期,在社会生活的各个方面都可以看到青铜器。除了青铜容器外，还有兵器、工具甚至建筑材料等等。还有一个很重要的特征，就是此时青铜器越来越多地用于礼仪活动，容器变成了礼器，工具和兵器也变成了仅仅用的具有礼节性质的东西。青铜器成了一个划分贵族等级高低的标志，这也是整个中国青铜时代最重要的一个特征。

第四阶段为衰落时期。这个阶段从西周后期开始到春秋战国之际结束，即公元前约900年到公元前476年。此时青铜器制造的质量开始发生比较大的分化，一方面做得更精巧，另一方面有很多青铜器做得比较粗糙。特别是到了西周的晚期——周宣王时期出现了冥器，使得青铜器在质量上大受影响，冥器的出现是青铜器、青铜时代开始走下坡路的一个很重要的标志。除此之外还有用陶器做成铜器的样子来代替铜器使用，但这并不等于说这一时期没有重要的青铜器出现，事实上，在同期制造的铜器技术上还有很大提高，特别是到了战国时期，进入早期铁器时代，还出现了一些非常好的具有新技术和新风格的铜器。

第四，中国青铜时代的地域范围。"中国"这个词最早出现是在西周成王时期，在陕西的宝鸡发现的青铜樽上面有成王五年的一长篇铭文，内容讲武王灭商后欲将都城东迁，至成王五年时建东都成州即洛阳的过程，其中有四个字："宅此中国"，宅就是居住，意思是我建的这个地方就是中国。这个中国不是现在中国的概念，而是天下之中的意思，把黄河中游、洛阳平原一带叫做中国是历史发展的结果。在距今5500年或者5300年的时期，在现在中国的大地上已经有原始的氏族部落开始向文明和国家过渡了，但具体的过渡途径并不相同。比如在辽宁有红山文化，在浙江有良渚文化，在河南有仰韶文化。根据考古发现，红山文化、良渚文化的贵族墓葬随葬很多的玉器，尤其是良渚文化，上百件的玉器盖在身上；

而同时在仰韶文化发现的和它时代、大小差不多的墓葬就只有一两件玉器,其他则为陶器。原因就是他们在选择走向文明的路程当中采取了不同的办法。红山、良渚文化是崇尚神权的,而仰韶文化、中原地区是崇尚祖先的。崇尚神权的将大量财富都贡献给了神灵,而崇尚王权和祖先、祭祀祖先的不会把所有的社会财富都在他死了以后浪费掉,所以比较简朴。崇拜祖先,主张传宗接代,主张政权的延续,正是中原地区的特点。从仰韶文化到龙山文化再到夏文化,这种祖宗崇拜观念一直延续了下来。所以,仰韶文化起源在陕西、甘肃,逐步往东到河南逐步向文明过渡。到黄河中游,以洛阳盆地、嵩山为中心,吸收其他的先进文化,这个地方就形成了人们心目当中的中心。

再说青铜时代、青铜文化。在河南的登封王城岗村发现了距今 2000 年前后的最早的夏的都城,这个城就是禹建的都城阳城,而夏朝最后的国都是在洛阳、偃师一带,所以至少在夏代,"中国"这个概念在当时人们的心目中已经有了。夏朝二里头遗址代表的考古学文化就在现在的河南省的西部和山西省南部这一地区。夏朝的统治区域西边到陕西东部,西安以东;东边到河南开封以西;北边就到了河南济水一带,它的周围还有像山东、苏北、安徽的北部的东夷人文化;北边如河南省的北部:安阳、新乡往北和河北省的邢台、石家庄、邯郸等地区的先商文化;以及更北的北方少数民族的文化,这些文化都不属于中原系统的夏文化。到了商朝建立,疆域往西一直到了关中地区,即现在的扶风、岐山;东边到了现在山东临淄一带;往北边到了河北中部,北京南部永定河往南保定、石家庄地区;往南到长江。湖北武汉、黄陂都发现了商代前期的城。继承夏文化传统的商文化,范围已经扩大了,到商朝晚期控制的地域稍有收缩。盘庚迁殷以后,商朝的主要精力放在了内部整顿上，因此形成了稳定、良好的政治局面。周朝建立后，采取分封制，建立诸侯国。分封制是迫于当时的政治形势采取的正确决策。燕国是绍公的分封地，都城在琉璃河。在此地发现了燕侯和其他贵族的墓葬，首都博物馆镇馆之宝就是在 1193 号墓出土的罍、克、盉等青铜器。除此之外，晋国是成王的弟弟叔虞的封地，齐国是姜太公的封邑等等，除了分封自己的子弟、功臣，周王还分封了一些前朝的后裔，比如夏朝的后裔分封到了河南的杞县，黄帝的后人分封到河南的宋，这样就保证了西周政权的稳定，也对社会的发展起到了很重要的作用，各个诸侯国把中原地区的文化推广到那些地方，实现了与当地的部族的交流和融合。随着地域的扩展，文化的统一性、民族之间的融合性大大地加强。到了东周，中央王朝势力逐渐衰落，分封的诸侯国的势力却越来越强大，诸侯国之间常为争夺领地发生战争，到战国时期更是如此。从历史发展的角度来看，战争尽管破坏了社会的稳定，却也在某种程度上推动生产的发展和社会的进步，加速了地区和民族之间的交流和融合，增强了以中原文化为核心的凝聚力。吴越之地暂且不说，现在的广东、福建出土的墓葬中都发现了青铜礼器编钟、鼎等，就证明了这一点。以中原文化为核心的文化圈面貌趋于一致，人们心理的凝聚力大大加强，这就为秦始皇的统一奠定了基础。所以中国青铜文化的发展中，"中国"这个国家的概念不仅仅是一个政治概念，也是经济的、社会的、文化的、民族的概念。这也证明中国的青铜时代是中国历史上非常重要的发展时期。

第五，中国青铜时代的社会需要强调的几个问题。

首先，中国的青铜时代在比较大的范围之内实现了由氏族部落社会向文明国家社会的转变，这个转变是文明的诞生、形成、初步发展的重要转变。

其次，中国的青铜时代涌现了许多发明创造。我国青铜器冶金技术的发展高度是世界上其他任何地区都不能比拟的，能够制造出 875 公斤重、130 厘米高的司母戊鼎在当时的世界上是唯一仅有的，在铸造青铜器的技术上也有很多发明创造，如陶范和后来的失蜡法。到青铜时代末期还催生了铸铁技术的发展以及玉器、瓷器、漆器等的发明制造。

第三，我国和其他国家的青铜文化不一样的地方在于我国将这些青铜器变成礼器，可见中国礼治的发展是非常早的，这也可以说是华夏民族重要的特点。礼制的规定也非常严格，比如说天子用九鼎八簋，诸侯和卿用七鼎六簋，大夫一级用五鼎四簋，士用三鼎二簋，最后一级士、贵族，只能用一个鼎，老百姓是不能用鼎的。

最后，中国青铜时代的高度发展在中国文明的形成和发展当中起到的重要作用。中原地区从仰韶时代开始，祖先崇拜就是第一位的。从出土的青铜器中看到，商朝时期的铭文较多的是族徽，西周时期铭文的内容中提到的铸造原因，总是为了纪念自己的祖先、祖父、父亲或哥哥，并"子子孙孙永保用"，所以青铜时期对中华文化、中华文明五千年的传承是非常重要的，这种传承的观念在人们的头脑中一代代地生根，可见认识中国的青铜文化、青铜时代，研究青铜时代，对于我们现今的社会的发展能够提供很多启发和借鉴。胡锦涛总书记在十七大报告当中特别提到文化的大发展，建立和谐社会、小康社会的观念，也是从古代、从青铜时代吸收了民族文化的精华，并与现在的国情结合起来提出的，既是指导性原则，也是我们奋斗的目标。我想这才是我们今天所讲的这个题目所要达到的目的，我今天的演讲就到此结束，谢谢。

（讲座时间：2009 年 9 月）

唐际根

埋藏在地下的商王朝

大家好！今天我想专门讲一讲商王朝,题目叫"埋藏在地下的商王朝"。商王朝实际上是中国古代文献里的概念,文献记载中国古代有个商王朝,当然商还不是最早的,在商王朝之前还有夏王朝。这两个王朝是中国的地域性王朝的历史开端。夏王朝现在也在探索,未知的东西更多。商王朝经过几十年的考古发掘清理,掌握材料比较丰富。

商王朝的生存时代,大家比较集中的看法是公元前16世纪到公元前1046年。人们对这个王朝最初的了解非常有限,主要的来源是中国古代文献《尚书》《史记》,当然还有《诗经》。这是有关商王朝资料有限的来源。也就是说在文献里头,我们能够获取些关于这个王朝的线索,但是数量很少,真正的有用的东西主要有两类:一类是王位传承。商王朝的开国国王大乙、天乙或者叫成汤,经过一代一代传承,到最后商纣王把国家丢了。这是商王朝的王系。另一类线索是关于商王朝都城的迁徙。商王朝曾经迁过好几次都。著名的学者王国维考证,商人立国以后迁过五次,立国之前迁过八次,可算是栖无定所。这是我们从文献里得到的关于商王朝的知识。用做研究的眼光来看,商王朝对我们总的来说还是个谜。这个谜里头包括很多问题。首先商王朝是否是"传说",它究竟存在不存在? 其次,商王朝如果存在的话,它在哪里? 如果知道它在哪里的话,这个王朝什么时候建国、什么时候灭亡? 更进一步,这个王朝的社会结构是什么样的? 它的人种是什么样的？它的工业、农业、艺术成就是什么？它有没有特殊的习俗？等等。这一系列问题绝不是一个人或几个人能够回答得了的。应该是整个考古学科面临的挑战。

现在有很多关于古代史的书籍，这些书籍讨论商王朝的时候，会把考古的资料当做主要的内容写在里头，但今天我还没有看到一部真正把整个商王朝写清楚的或者写得比较清楚的著作，不久的将来一定会有一部著作把商王朝写清楚，或者写得比较的清楚。这部著作肯定是考古学家来完成的。我今天只是在这一方面透露一点关于商王朝的情况给大家。

从考古学角度研究商王朝，面临的第一个挑战当然是商王朝历史的编年框架。就是说商王朝什么时候开始？什么时候结束？它迁过哪些都？等等。最主要的大问题先要解决掉。很多人听说过"夏商周断代工程"。这一重大科研项目的目标，就在于解决商王朝的年代问题，或者说年表的问题。我不去套用"夏商周断代工程"提供的年表，而是根据考古发现的遗址，来描述商王朝。

考古学家要把文献里的商王朝落实到地底下，或者说从地底下把商王朝挖出来，首先得有线索。最早的线索来自于河南安阳。1928 年，国民党政府首先组织了对安阳的发掘，持续挖了 10 年、15 次。挖出来的东西当然基本上都运到台湾去了，只留下少量的陶片在北海的静心斋下的水潭里埋着。这是我从石璋如写的回忆录里读到的。他们撤离北京的时候埋了些陶片，但大部分文物都运到了台湾，包括甲骨、铜器、玉器、骨器等等。国民党政府的 15 次发掘证明了什么呢？证明殷墟就是安阳殷墟，是商朝后期的都城，当然也就证明了商王朝的的确确在历史上存在过。

如果说安阳殷墟是商王朝后期的都城，另一个问题马上就出现了:商王朝的早期在哪里？商王朝早期怎么寻找？这就需要考古学的配合。最重要的考古工作是 1950 年代以来的一系列的考古发现,包括郑州商城的发现。郑州离安阳大概 180 公里。这里已经被证明是商王朝早期都城所在。考古学是怎么样确认郑州遗址是商朝早期的？这里涉及考古学的一个基本方法:类型学。类型学追踪器物的演变。根据器物提供的发展序列,可以判断郑州商城的考古学文化与殷墟文化是接起来的。另外,考古学严重地依赖碳 14。考古发掘出来的器物通常都有地层依据,因而整理器物的过程中能够找到出土器物的发展规律。但是出土器物的序列还不是绝对年代。所以需要碳 14 年代。郑州商城文物标本的发展序列跟殷墟晚商标本的发展序列基本上能连接起来。所以大家认为郑州商城是早商。于是学术界提出了一个编年框架:郑州商城代表商代早期,安阳殷墟遗址代表商代晚期。

20 世纪 80 年代以前,中国学术界,包括欧美,大家都相信安阳殷墟是商朝晚期,郑州是商朝早期。考古学的商王朝年表就这么建立起来了。

后来的考古资料证明这一商王朝编年框架并不能完整描述整个商王朝。1990 年末,学术界提出了另一个编年框架。新的编年框架的提出,与洹北商城的发现有关。1998 年 2 月,我们的考古队到洹北商城这一带钻探。我们在调查的时候捡到一些陶片,当时感觉陶片比较早,要比殷墟早,但是比郑州商城要晚,正好处在早商和晚商之间。但是陶片碎小,最好能挖到完整的器物,挖到整套标本。这样对年代的判定就很有把握了。1997、1998、1999 年我们在洹北商城一带安排了小规模发掘。从 100 平方米到 500 平方米,面积越挖越大。发掘表明,洹北商城的出土文物确实与殷墟文物不一样,从特征看年代比殷墟更早。更重要或者更直接更容易让人信服的证据还是城址的发现。经过进一步钻探和发掘，终于在工作区域内发现了洹北商城。因为这是一座位于安阳洹河北岸的古城，而且这座城的年代是商朝的，所以叫洹北商城。1999年以后，我们围绕洹北商城安排考古工作。到2000年的时候，又找到了商朝的宫殿区。综合各种地下的材料，把商朝的编年框架给卡死了——商王朝早期的核心在郑州地区，中期核心在豫北冀南地区，晚期中心就在安阳殷墟。根据这么一个编年框架去描述商王朝，就可以把商王朝的图版勾画出来。当然我说的是文化图版。政治图版很难通过考古学的物质遗存进行观察。

　　商朝早期的文化图版大概以现在的河南为中心，四至可达河北南部、陕西关中地区以东、湖北大部。东边能到达山东西部和安徽北部。商朝中期的时候，商王朝往西扩大到了关中地区西部，即现在的耀县、岐山一带，南边跨过长江到了湖南的北部。现在湖南的岳阳都属于商王朝。北边已经到了北京。商朝中期的时候商王朝势力已经很大了，成了典型的"地域性王国"。到了商朝晚期的时候，商王朝的文化图版在缩小，缩到很小。这样我们就获得了难得的商王朝编年和文化地理框架。于是"埋藏在地下的商王朝"最重要的问题就算基本解决了。

　　我们谈论商王朝的时候，不能只说物不说人。那个时候的人是什么样子的？或者说：商文明的主人是谁？这是大家关心的问题。

　　1976年殷墟发现一座墓葬，死者随葬有1.6吨青铜器，包括巨大的方鼎，200多件青铜容器，以及700多件玉器。这个人那么富有，他是谁呀？当然这里问的是个体。我们讲"谁是商文明的主人"，问的是人种。

　　考古上解决人种最简单直接的方法就是对出土人骨进

行体质人类学测量。比如某个头颅骨的颅长、颅宽、鼻骨的尺度、额头的高度等等。测量数据可以判定这个人是非洲人、亚洲人还是蒙古人、高加索人等等。但是问题在于,体质人类学方法还存在挑战。这个方法多少还有误差。通过体征测量,人类学家最初提出的关于商王朝人种或者说甲骨文的主人的观点五花八门。有人说是欧洲人,有人说是美洲人,有人说是亚洲人,互相矛盾。人骨体质测量并不是没有价值,只是接受它的时候必须慎重。我曾收集30多件安阳殷墟出土的陶塑标本,基本囊括了现在能看到的商朝有关人的体貌的描述。30多件标本没有一件看起来像高加索人,白种人,或者非洲人。试想,如果一个人去创作雕塑作品,他不可能创造出一个自己完全没见过的人物形象。所有这些人像雕塑,一定是商朝人对自我的或者自我种群的自觉或者不自觉的描述。根据这些人像雕塑,我的观点是,商朝人是亚洲人种。人类学概念叫蒙古人种东亚类型。这是人种的问题。

商朝作为一个王朝,作为一个曾经无比强大的政治实体,它是怎么组织起来的? 或者说商王朝的社会组织是什么样的? 这个概念文献里头有一点点线索,因为它至少有王,还有宰、臣各种官僚名称。但是商王朝社会有多少平民、贵族、奴隶? 考古学能够把商代社会各阶层的人口比例找出来,至少获得一个数理统计结果。据统计,在已经发掘的15000多个商代墓葬里,87%是常规的墓葬。商朝是按家族埋人的。通常家族成员的墓葬都有一定的随葬品,比如一套陶酒器,或者一套吃饭的器皿,就是一般平民的东西。这样的墓葬占有大概82%到87%的比例,另有7%到10%属于贵族墓,经常会有些铜器随葬品,比如一套铜觚、铜爵等等,表示有身份。另有极少数墓随葬大量青铜器、几百件玉器、几万枚海贝。那是极少数高级贵族墓。随葬制度反映了商王朝的社会结构。商朝生前是按族居住,死后按族埋葬。这个结构考古能够把它阐述得很清楚。

再看看商朝的社会生活。不妨看看商朝人是如何居住在一起的。以洹北商城的居住方式为例:最初,商王朝从别的地方迁都来到安阳洹河北岸,王族先选定地方盖几个大宫殿,普通居民按家族住在宫殿外头。过段时间国王在宫殿区外筑一个内城或者叫宫城。又过了一段时间,首都稳定了,国王又开始在内城之外建更大的外城,这个过程很清楚。商朝人的房子什么样子呢? 今天咱们北京人住四合院,可以肯定地说,商朝贵族和普通平民的住房大量采用四合院结构。过去关于商朝是奴隶社会,认为奴隶住半地穴式建筑、住地窖那都是不对的。那都是想象出来的,甚至是按照某种理论推导出来的。商朝的几乎每一个居民点都有地下排水管道。那个时候没有瓷器,只有原始瓷。日常生活用的是陶器。商朝人的交通工具是马车,他们用马车搬家、迁都、打猎、战争等等。商朝有很多族际间或者部落间、方国间的交流。通过陶器生态学或者陶器切片的方法可以知道商朝人的交流是很广泛的。

工业、农业生产,是赖以生存的经济基础。商朝的农业主要种小米、小麦。农具大多是石器、蚌器和少量青铜器。商朝用"块范法"铸造铜器。制骨、制玉手工业很发达。当然,最有名的还是青铜工业。早年,出土铜器以后,西方人都认为是"失蜡法"做出来的。所谓"失蜡法",就是做个蜡的模型,外头裹上泥,把"范"套出来,再用火一烧,把蜡烧掉,空腔就成为铸造用的型腔,再把铜溶液浇铸进去,冷却凝固以后,型腔就变成了器物。这是失蜡法。因为商朝铜器很精美,直到 20 世纪 60 年代以前,大家都认为是失蜡法做的。实际上商朝人的铜器都是块范法做的,"块范法"是先做一个泥模,在模外用软的泥糊上。泥模上常常雕出花纹。糊上的泥干燥以后，把这层外泥切割开来，再一块块取下来，取下来以后便会发现，雕刻在模上的花纹，以及模的外形，都套到了外头这块泥上。这块泥就叫范。切取下来的范烘干以后，又把它拼起来，然后做一个内范塞到中间。内范（或者叫泥芯也行）和外范之间有个空腔。把铜熔化后浇到空腔里头，器物就成形了。这就是块范铸造法。

商王朝人还有丰富的精神层面的东西：人死了是按家族埋葬的，都是家族墓地。考古发掘时只要遇到墓地，一定是成片成片分布。一片就是一个家族，一个单元。商朝除了按家族埋葬死者之外，有身份有地位的贵族死后都要杀人殉葬。马车是身份的象征。贵族死了以后有时会随葬马车。马车通常都埋葬在贵族墓的东南方向大概三四十米的地方。马车是大墓的陪葬品。商朝人精神生活的另一重要面是祖先崇拜。商王遇到大事要占卜，要问问他的祖先、神灵。商朝王陵附近有成排的祭祀坑。祭祀坑里埋葬的是殉葬的人。有的把头砍掉了，有的是全躺。祭祀活动规模很大。成排成排地埋人就意味着成批成批地杀人。每个祭祀坑通常杀五到七个人，有的杀十几个。人骨都整整齐齐排着，献给自己的祖先。更恐怖的，是把人头砍掉放到青铜甗里蒸煮。那时对人的价值完全是另一种理解。这些知识也是从地下获得的，文献里虽然会零星提到这些方面，但如果没有考古学，没有考古的实物，我们不知道如此真切的知识，不知道那个时候是这样一种价值观。

商朝最受人关注的是它的文字。甲骨文是中国历史上保留到今天的最早的成系统的文字。甲骨文不是随便能挖得到的。安阳考古发掘这么多年，集中的甲骨出土就四批。一批是1936年，一个坑挖了17000多片，一批是1973年，一批是1993年,还有一批是2004年。零星出土的甲骨有没有呢？也有。考古队在地面上捡到最后一片甲骨是在2004年,之后再没捡到过甲骨片。当然20世纪80年代以前更有机会在农田捡到,甲骨文的内容非常丰富,涉及商朝的天象、农耕、狩猎、战争、祭祀等等。甲骨文里辑出大概有4000多个单字,迄今已经识读的,大概有1500个左右。还有一些也可能认得,但是还没十足的把握;另外的单字还不认得,主要是一些地名、人名等等。由于已知识读的主要是常用字,这些字大体能够让我们读懂甲骨文,帮助我们掌握更丰富的关于商王朝的信息。

商朝的甲骨文在给我们提供商王朝信息的同时,也给了我们一个误导:很多人认为商朝的文字是用刀笔刻的。这是不对的,商朝日常用的文字其实是用毛笔写到竹简上,跟汉代没有太多区别。有很多证据可以证明这一点。比方说我们发现过不少用毛笔直接写在玉器、甲骨上的文字。大家再来看看甲骨文的"册"字是怎么写的?它表现的实际上是用绳子穿起来的四根竹片。所以商朝实际是毛笔字的时代,是竹简、木牍的时代,日常书写是用毛笔。

我们刚才谈了商王朝的几个大的方面:它的编年或者它的历史、它的社会结构、它的人种、它的工农业、它的信仰、它的文字等等。总之一句话,考古学告诉我们的商王朝知识远比过去丰富得多。文献里的商王朝比较单薄,埋藏在地下的商王朝具体而生动。

考古不但带给我们很多解谜、探密的快乐,也带给我们很多真实的知识。我们今天可以把商王朝说得那么生动,也许有一天考古学能把夏王朝说清楚。夏王朝到现在为止是一个更大的谜,我们知道得非常有限。随着考古学科的发展,随着在座的对考古学的关注,随着更多的年轻人将来加入考古行列,我们对历史的了解会更多。

考古学除了是一门获取知识的学问之外,也是一门应用科学。希望大家继续关注这个学科,促进这个学科为今天服务,为现实服务。谢谢!

（讲座时间:2009 年 11 月）

杨　镰

探索天山走廊

杨镰,1947年2月生,中国社科院文学所研究员、博士生导师,著名文史专家、探险家。1968年3月,中学毕业的杨镰怀揣著名诗人冯至先生赠送的《我的探险生涯》前往新疆哈密"接受再教育"。四年的新疆"牧马人"生活使他与新疆结下不解之缘。常年考察与研究新疆各地,对丝绸之路上的楼兰古国、小河遗址等处曾做过艰辛考察,重新发现并揭开了许多鲜为人知的谜,先后出版《荒漠独行》《最后的罗布人》《发现西部》《黑戈壁》等探险纪实作品。

新疆,古称"西域"。西域文明是华夏文明的组成部分。所谓"昆仑神话",是中华民族古神话的三大母题之一,而《史记》成书时期为学者(包括司马迁本人)普遍认同的"黄河重源说",尽管出于人们的向往,然而对黄河发源于西域深山的认定,在十几个世纪之间成为"母亲河"贯通大华夏区域的例证。如众所周知,新疆广袤地域的基本结构是"三道山夹两个盆地",西部的山系,寄存着中华民族对家园的憧憬,对未知世界的向往。

　　天山,则是新疆的地理标志。

　　从 21 世纪起,在从事"新疆绿洲文明"国情调研过程,我们一次次进入天山北坡的绿洲牧场。通过感受文明,传承文明,成为"天山走廊"的探索者、皈依者。

　　对新疆、西部而言,对新疆绿洲文明而言,探索天山走廊,是一个全新的、宏大的、惯穿着探索与发现的题目。

一

　　从内蒙古额济纳(汉代居延边塞)、甘肃河西走廊西端、甘青两省间的祁连山,抵达比邻的新疆东天山,自古就是丝绸古道进出中原与西域的重要地段。与东天山以北的荒漠相衔接的马鬃山"黑戈壁",因中外探险家的记载而知名。其实,"黑戈壁"是依天山北坡一直向西延伸的共同地貌带的名称,西端,即野马驰骋的"卡拉麦里",地名含义也是"黑戈壁"。我们对"天山走廊"的探索,就起自 2003 年在肃北马鬃山黑戈壁的考察。

2007 年"十一"前夕——9 月 28 日,我与酒泉电视台的摄制组即将从肃北马鬃山镇启程抵达酒泉。离开马鬃山镇,我们路经了 1934 年瑞典探险家斯文·赫定与贝格曼发现的明水古城。因为有人认为,明水古城可能是元代遗址,我们计划就此做一点调查。

这次重返明水古城,有特殊收获。可以肯定,明水古城不是元代的城障,但它也不会是贰师将军李广利的临时将军府。肃北马鬃山镇的书记娜仁娜随我们来到明水,到达古城后,娜仁娜说,明水古城另一侧,还有一个古城,去年我走后,她在过年期间访问边远牧民时,曾见到过,并且一定要领我去看看。她说的古城从无记载,开始我以为,那不过是从山的另一侧看到的明水古城而已。在娜仁娜坚持下,我们中止了返回酒泉的行程,由她引导,去了一辆车。我想,去那边看看也好,也就是一二十公里的路途。

到了娜仁娜说的地方,所见的第一印象长久保留在我的记忆里:

我真正惊呆了,眼前所见简直就是美国电影制片公司梦工厂的一个科幻大片片场(为拍摄需要搭设的景点)——上述印象,我在其他文章表述过。视力所及,山间布满光秃秃的巨大白石头,上面分布一处处互相勾连的军事要塞。方圆几公里范围里,是一座基本完整的"东天山警备区"。这是我所见的西部最壮观的军事设施的遗址。"警备区"中心的一个斗室,南北两道山墙只剩了一道,那上面居然保存着白底红字的三字题词"知廉耻"。这,是 20 世纪一二十年代新疆督军杨增新的训词"知廉耻,识礼仪"的前一半。这样,这个

84

军事设施的行用时期就有了限定。然而,如此壮观的要塞离甘新交通线不远,一个世纪间中外经行者不断,却从来没有见到相应的报道。这个秘密怎么能保守得住呢?

此后我多次重返"杨增新要塞",并且反复在相应文献中查证有关要塞的蛛丝马迹,同时,依靠拉开距离,从不同的位置、角度(特别是交通路线的走向)观察它的存在价值,终于确认了它的地位与作用:始建于何时、究竟是为了面对何种危机,才在这东天山脚下修建了如此坚固的要塞城障。

我们的综合研究证明,这个军事区域,就是甘新之交神秘的吐葫芦要塞。

早在清代中期,为防止人为地将意外灾难引入天山绿洲牧场,随时可以彻底关闭进出新疆的门户,就在吐葫芦(又叫做"土古鲁")地方修建了"卡隘",也就是扼守古道的要塞。这,见载于清道光年间编撰的《哈密志》。民国初年,提倡"实业救国"、关注西部交通与资源的工程师林竞,在"五四"前夕——1919年4月14日——路经这一带,他的考察日记曾记载:"八十里,胡桐大泉。一百里,明水,亦名兔甫卢。有唐墩,有破城,有银矿,今废。"

而杨增新在其《补过斋文牍》《补过斋文牍续编》,明确提到了东天山的要塞吐葫芦("土葫芦"),还具体说:

> 查沁城地方北连外蒙,东通安西,西近哈密,南通镇西,为防蒙第一紧要之区,若果有事之时,敌人由外蒙来哈,势必由土葫芦以至沁城,是土葫芦地方尤与沁城有唇齿相依之势,地势扼要。必须用土筑一高厚之营墙,其势如内地堡寨之形,方好驻兵防守,否则无险可望,无堡可凭,茫茫荒野,无论敌人大军难御,即由外蒙仅来数百人,便无法抵御,亦不能稳扎稳守以待援兵。此项应筑堡寨亟宜及早筹办。

北山吐葫芦为通外蒙要隘，向来既驻有军队，应将
营盘修筑围墙，如关内堡寨，方能稳扎稳守，不致散漫。
两篇训令分别在民国八年(1919 年)12 月 16 日、18 日发出。
据此可知，为保护新疆东大门，从 1919 年冬开始，将原有的单
个军事设施统一规划为"东天山警备区"。

"土古鲁"、"土葫芦"、"兔甫卢"、"吐葫芦"，都是要塞原
始地名"吐火罗"的音译，所说"与沁城有唇齿相依之势，地势
扼要"是画龙点睛之笔，沁城是哈密的依托，也是东天山的屏
护点。地名"吐火罗"，证明在早期(十几个世纪之前)，东天
山脚下明水附近曾是吐火罗人(楼兰等古国遗民)的过渡性
居住地。实地考察与文献记载告诉我们，这里是民国期间新

疆督军杨增新为防止来自外蒙古的"丝路罗宾汉"黑喇嘛将
战火引入天山，绿洲牧场生灵涂炭，而特设的"防火墙"。

"辛亥革命"后，外蒙古诸部陆续从中华民国的版图剥
离。邻国俄罗斯"十月革命"进一步引起内陆亚洲区域性动
荡。而背负天山，面向北方，越过荒漠戈壁，面对的就是外蒙
古诸部。此前从未引起注意的丰富煤铁资源，则是历史的赐
予。"五四"前后在这里考察的林竞甚至说：天山以北，到中
蒙界山山系，旷野广袤无边，地下蕴藏着丰富煤层。在天山
屏护下，"丝路北道"自古就是衔接东西方精神文明与物质文
明的双重意义的通道，近代时期到来时，它又成为西部、以致
全中国无可替代的资源密集区，新文化走廊。"五四"前后，
开发西部成为社会精英的共识，而这个区域被称为集中了
"中国富源之半"(林竞《亲历西北》)，将是 21 世纪中国自立
于世界民族之林的坚实基础。

通过 2001 年以来的十几次实地考察，我们对这个区域作
了点面结合的调研，有许多新发现。同时，一个全新的人文
地理概念——与"河西走廊"衔接的"天山走廊"逐步形成。

自古以来，依天山北坡的洪积扇西行或东进的行旅，往返在绿洲与牧场之间，与山野荒漠做伴，感受文明、传承文明。进入 20 世纪，"天山走廊"凸显在历史的底色之上，是因为内陆亚洲的地缘政治从失衡达到了新平衡，是因为密集的优质资源与丰富的历史文化遗迹共生于此。

二

天山走廊，自古就是丝绸之路的经典地域，没有天山走廊，丝绸之路的北道行旅就失去了依持。由驿站支撑的大道，在相当长的时期曾是中国西部的命脉。辨认当年新疆的"皇家驿路"（"国道"）经由、走向，是探索天山走廊的具体步骤。而"色必口"（"色毕口""色壁口""色琶口"）是天山走廊古驿站之中特殊的一个：它时隐时现，它衔接了三条古道。丝路行旅无法越过它，也从不在此久留。它是著名的"穷八站"与"富八站"的分野。在清代，色必口是低规格的单纯的驿站，有八名驿卒（一个驿书，七个马夫）驻守，配备八匹驿马。而驿站总是与经行者密切相关。经由天山走廊的经行者，除了林竞，著名的还有纪晓岚、林则徐、邓廷桢、洪亮吉等等，都曾在色必口经过。

据流放新疆的日记《荷戈纪程》，道光二十二年（1842）林则徐蒙冤流放新疆伊犁，九月三十日路经七角井，十月二日，入山行三十里，抵达色必口，《荷戈纪程》将色必口称为"色壁口"，色必口有两家民营食宿店，林则徐一行在一家吃面充饥，此后又前行十里，抵达色壁桥，也有民居。"过此陂陀尤多，有一坡殊陡，索费马力"。再行三十里，就走出山前丘陵。十月五日，抵达"富八站"的第一站木垒河，木垒河"商贾云集，田亩甚多"。

林则徐路经的,是清代全盛时期精心维持的天山以北的驿路。

在林则徐留下上述记载半个多世纪后——光绪二十二年(1896),广东海南知县裴景福流放乌鲁木齐,西行记《河海昆仑录》中,裴景福描述了自大石头驿站路经色必口的观感。

西行后继者裴景福一路听说了林则徐流放新疆的故事,他记述道:"林文忠(则徐)以大臣远谪,出关后如入无人之境,州县无过而问者。至哈密以西,夜则停车山峡积雪中,以食以宿。"在色必口古驿亲自体验了林则徐路经时风餐露宿的实况,裴景福以"风霜其操,铁石其心,真后凋松柏也"称誉林则徐其人。

1996年、1998年、2003年、2008年,我多次实地体验经新的省道自巴里坤西行,抵达木垒、奇台的行程。在三个泉,踏访了残存的驿站文化区,在乌兰乌苏,我在想像之中与纪晓岚、洪亮吉、史善长、黄濬、裴景福等先行者相逢。但是,公路所经的、在古今地图上相当于色必口的地方,不但没有残存的驿站,甚至就见不到一点点人工建筑的遗迹。林则徐吃面充饥的、吟诵"古戍空屯不见人,停车但与马牛亲。早旁一饭甘藜藿,半咽西风滚滚尘"诗句的色必口驿站,难道从地面蒸发了?

2008年10月,我随昌吉州宣传部负责人,来木垒哈萨克自治县调研。来之前,我获得了关于色必口驿站的可靠信息。与木垒县领导交流时,我说起"失踪"的色必口驿站,应该在今天公路(省道)附近的大致位置,建议立即去寻找遗迹。

2010年年初,在前往巴里坤途中,再次路经木垒。在木垒县城,见到2008年10月说起色必口驿站的负责人,得知正是在那个地点上,通过他们的努力,发现了以要塞(古城堡)

为核心的色必口古驿站区。可以说，这是木垒县文化部门一个不小的成就！这在我，当然也充满成就感——有关的探索终于落在了实处，可它不是由灵感促成，说穿了很简单，如同当年寻找小河遗址，我的推测来自对地图的判读，2008年初我在5万分之一的遥感地图分辨出耸立在山梁上下的要塞建筑群，以及经纬度。色必口驿站区的遗址离现代公路线并不远。

赴巴里坤途中，我们暂时离开公路线，来到古道的结点——色必口古驿站。

清末，裴景福曾这样概括色必口（他称为"色琶口"）一带山形地势与人文景观：

> 至大石头，住官店。民店二，略宽。马号在官店之西侧。涧水甚甘，冰厚三尺。出头水沟西北行，山峡渐开。三里，右山尽，左有小山三四峰，路如沟。五里，渐至平地，右有长岭。十里，左山渐平，右山渐近。上坡，多碎石。十里，渐平旷。向北行二里，至色琶口（《荷戈纪程》作"色壁口"），两山并起，左山下有营垒，如小堡。下坡，入峡仅容一车，山根多大石。西北行五里，下坡，两山渐伏。

这正是2010年1月我亲眼所见的山川地势，正是我们专门探访的色必口古驿。

如同回到林则徐、裴景福路经的年月，我站在色必口驿站对面的山梁，巡视整个区域。与河西走廊的驿站相比，那是另外一种模式的驿站文化区，它与山川、道路、游牧、聚落结成一体，一览无余。今天已经很难判断哪一处房舍是林则徐吃面的民店，但我觉得应该是靠近古道的第一家。由山石垒砌的要塞为保护交通而设。仅有八个常驻驿卒、八匹驿马的驿站遗址，依附驿站的牧民转场棚圈，这一切，在隐没很久之后,终于浮出水面。历史往事在其间川流而过,对文明史的认同,体现在站在感情制高点审读史册文字,更体现在亲临实地获得的现场感受。

在我们面前,色必口不再神秘。它展示出前人为打通西行通道所付出的与所得到的。

……蓝天白云,原野寂静,群山起伏,古道四通八达,远处有转场的羊群,眼前是扼守古道的要塞。在这里,关于"天山走廊"的探索研究,完成了一个重要段落。下一步,将继续寻找遗失在如流岁月的历史细节,因为它们为今后开发、建设西部,提供了一幅精确的蓝图。

三

相隔 18 个世纪的两次战争——公元 75 年的"疏勒城保卫战"与 1947 年的"北塔山之战",是发生在天山走廊的影响广泛的历史事件。

古城疏勒,是东汉初期西域出现天翻地覆之变的擎天柱石。史书记载的疏勒城的往事,与名叫耿恭的将军有关。关于耿恭与疏勒城,《后汉书》卷十九这样说:

> 耿恭出自名将世家。东汉永平十七年(公元 74 年)冬,随军出塞,因战功,任命为戊己校尉,作为一支威慑力量,率所部屯戍在车师后部的金蒲城。当时西域,汉有三个支撑点,一个是塔里木北缘的西域都护陈睦驻地西域都护府,一个是戊己校尉关宠据守的柳中城,另一个就是戊己校尉耿恭屯戍的金蒲城。柳中城,是鄯善的鲁克沁,金蒲城(又叫"金满城")在吉木萨尔县境。
>
> 永平十八年(公元 75 年)三月,匈奴北单于以 2 万骑兵,出击西域部族车师,车师王被杀。匈奴锋芒指向金蒲城。与

匈奴搏杀中，实力单薄的耿恭依靠一种神秘武器——弩机，取得了战术优势。这种弩机射程长，杀伤力强（据说箭头浸有毒药），使"匈奴震怖"，有效滞缓了匈奴的突击力。五月，耿恭放弃了孤立无援的金蒲城，向东北转移到另一个屯戍地疏勒城。疏勒城傍临深涧，可以倚险固守，匈奴死死围困疏勒城，并将深涧水源截断，以优厚条件，诱使耿恭投降。失去水源，耿恭不得不在疏勒城中挖井，直到15丈深，也没挖到水脉，吏士渴乏已极，不得不"笮马粪汁而饮之"。耿恭重整衣冠，向枯井虔诚再拜，"为吏士祷"。转眼间，废井竟水泉涌出，大家齐呼"万岁"！他们在城上扬水示威，匈奴只得退去。这时，天山以南的西域都护陈睦在预谋政变中被击杀，友军关宠在柳中城，挖井失败，全军覆没。除耿恭与部下死守的疏勒，西域巨大的政治空间，没有汉朝立足之地。

耿恭仅有的支持来自车师后部王的寡妻，她是远嫁塞外的汉族人后裔，因敬重耿恭为人，一再冒险为耿恭提供匈奴的军事动向情报，还将急需的给养粮饷送到疏勒。

东汉建初元年（76）元月，耿恭堂弟耿秉出任征西将军，进驻酒泉，期望恢复汉朝对西域的领有，并派将军王蒙领军出塞，到柳中与交河城，实地评估西域形势。未到柳中，就获悉关宠全军覆没，耿恭人数少得多，距离远得多，更是凶多吉少。王蒙独立难支，准备退回酒泉，耿恭的部下范羌坚决反对。去年秋，耿恭派范羌到敦煌为部队领取冬装。正好王蒙出塞，范羌就随军返回西域。范羌一再请求不要放弃固守疏勒的耿恭，可是没有哪个军士敢在四面受敌、情况不明，如同盲人骑瞎马的状态下，接受前去救援的任务。王蒙决定分兵2000，由范羌率领，接应耿恭。正赶上天降大雪，天山北坡雪深丈余，范羌所部放弃了辎重，徒步走向疏勒。一天半夜，疏勒守军听到有军队逼近，以为匈奴来袭，全城紧急戒备。范羌隔山涧大呼："我范羌也,汉遣军迎校尉耳!"城中立时高呼万岁,城门大开,两支部队拥抱相泣。第二天,耿恭就率部东归。匈奴一路追杀,路上,随时有饥饿困顿的军士倒地不起,悴死路边。离开疏勒时,耿恭所部还有26位勇士,到达玉门关,只剩13人。史书以"义重于生"为其定性。这使我想起外国电影《300勇士》,它们的一致之处,都在于舍弃自我是为了更多的人得以生存,友谊、爱情、牺牲,体现出国家、民族的利益。

从2007年春夏间开始,我多次来到奇台半截沟乡,考察当地的古城"石城子"。初次置身于半截沟乡古城,便如同进入了《后汉书》的卷帙,古城附近遍地秦砖汉瓦,特别是,有清楚的挖井遗迹。可以确认,这,就是耿恭舍生忘死守卫的疏勒城。

2011年夏,为了筹备拍摄电影《疏勒》,我们再次来到奇台半截沟乡。

在古城挖井遗迹,我徘徊了很久。关于井,一直是西域的神秘话题。《史记·大宛列传》提到,西域古国不会挖井,由于得到"秦人"相助,才以挖井保住都城。纪晓岚曾特意说:他来新疆时,伊犁人不会挖井,从无井渠之便。耿恭在挖井过程绝处逢生,而友军关宠则败亡于挖井未能见水。经测算,目前的挖井遗迹不是挖竖井最佳地点,我的推测是:疏勒的井,实际是坎儿井,也就是说,坎儿井并非西来,也不是成型于内地,它原本就是西域的生存"专利",从一开始(从守卫疏勒起),这就是敌我双方争夺的"秘密武器"。而另一种秘密武器,则是耿恭的弩机,《后汉书》明确说:中了耿恭弩箭的地方,"视创皆沸"——立即溃疡。《后汉书》说是因为箭头有毒,可携带如此立竿见影的毒药的兵器,那时应该是没有的。我曾推测箭头有火药(弩机等于新式武器手枪),但火药发明于此后数百年。总之，关于疏勒古城保卫战，还有许多细节得深入研究。但不管怎么说，疏勒古城保卫战为天山走廊的存在，留下了生动具体的内容。

中午，我们在汉族农家小院午餐。主人是身高近1.90公尺的粗旷大汉，而农妇则是细声细语的主妇。他们是土生土长的当地人。在古城附近（包括农家小院），为兴旺发达的农田环绕。而天山雪峰如同一道巨大屏风。这里是自然景观、人文景观、历史文化遗迹（充满激情与细节的古城）共存的西部典范，土著农民、"圣水"浇灌的农田、农家院落，则是天山北坡的人文博物馆。

天山走廊必将成为改革开放的中国走向世界前列的站台，这个面积与欧洲近似的"走廊"，自古就是人群迁徙的通道，循丝绸之路往返，促进了古文明的萌生、发展，推动了游牧与绿洲两大文明的碰撞、融合，互相吸收、互相接纳。我希望通过自己的努力，在开发期到来时，对这一区域的文明底蕴有更全面、深刻、细致的了解，避免在开发过程淹没了往古意义深远的华夏文明。

（讲座时间：2010 年 4 月）

原载 2012 年 2 月 29 日《光明日报》光明讲坛

赵化成

从秦公大墓到秦始皇陵

赵化成，1952 年生。北京大学考古文博学院教授、博士生导师、前副院长。主要从事中国考古学之东周秦汉方向的考古教学与研究。20 世纪 80 年代初，通过在甘肃东部的考古调查和发掘，首次从考古学文化层面揭开了秦族早期历史的帷幕，将秦族、秦国的传说时代推进到考古实证阶段。近年担任北京大学考古文博学院、甘肃省文物考古研究所、国家博物馆、陕西省考古研究院、西北大学考古文博学院 5 家单位联合组成的"早期秦文化考古调查、发掘与研究"项目组组长，与其他考古工作者一起，在早期秦文化研究领域取得重大进展。特别是 2006 年作为联合考古队领队，与兄弟单位考古工作者一起在甘肃礼县大堡子山遗址发掘出春秋早期秦国大型建筑遗址和大型"青铜乐器坑"，出土了成套青铜编钟等一批国宝级文物，入选 2006 年度中国十大考古发现。

我今天讲的题目是"从秦公大墓到秦始皇陵",主要从考古学上讲一些近年考古的最新成果,并揭示秦古族、秦附庸国、秦诸侯国、秦帝国发展的历史。

秦始皇大概每个人都知道,秦始皇陵兵马俑很多人也都去看过。但有关秦古族、秦附庸国、秦诸侯国这段历史,很多人可能并不清楚,或者知其然而不知其所以然。从史书的相关记载看,秦族、秦国经历了从小到大、从弱到强的发展历程,而新的考古发现又将这段历史活生生地呈现在我们的面前。通过考古发现重新审视数千年秦族、秦国的历史,可能会使大家有一个和单纯读史书不完全一样的感受。

在讲座之前,需要把秦国的历史大系简单地加以梳理。司马迁的《史记·秦本纪》记载,远古时代的秦族本是东夷的一支,他们生活在中国的东部,大体上位于现在的山东中东部一带。但是到了公元前10世纪以后,也就是中国历史上的西周时期,秦人又突然来到了中国西部,即今甘肃省东部及东南部一带,这中间的迁徙过程及路线我们现在还不是很清楚。文献记载,在商代晚期的时候,曾经助纣为虐的几个大臣都是秦族的祖先。也就是说在商代晚期,秦人跟商人是政治同盟,但到了西周时期,秦族主要活动于渭水上游及西汉水流域,也就是现在甘肃东南部的天水、陇南地区,并成为西周王朝的附庸。我们目前正在甘肃东部做这方面的探索,并且已经有了许多重要考古发现。

公元前 771 年，西周王朝为犬戎所迫，把都城迁到了河南洛阳，是为东周。这个时候，秦的先祖秦襄公因为"伐戎救周"有功被封为诸侯，秦族正式立国。秦族由原来西周王朝的附庸一下子变为诸侯国，与中原地区其他大国平起平坐，这对秦族来说是一个重要的里程碑。秦襄公封为诸侯后，被赐"岐以西之地"，也就是现在的陕西岐山以西，即关中西部的宝鸡一带。当时的关中地区还有一些戎人在这里占据着，另外还有周人的一些遗民。从春秋早期开始，秦人就逐步向东发展，即由甘肃的东南部向陕西关中西部一带迁徙。在这个过程中，秦国陆续征服了位于甘陕一带的少数民族——西戎。文献上记载秦穆公霸西戎，"开地千里、并国十二"。春秋中期，秦国在今凤翔的雍城建都。到了战国时期，则建都咸阳。所以秦的发展从西向东这个线索是很清楚的。春秋时期的秦国东向与晋国竞争，后来晋国分裂，秦国又与韩、赵、魏对抗。秦占据着关中的富庶之地，征服西戎后在西边有广阔的大后方。战国中期，又灭掉西南的巴蜀。特别是战国中期秦孝公用商鞅变法，使得秦的国力大增，战国晚期秦国并吞六国，于公元前 221 年建立了大一统的秦帝国。秦为什么能统一中国呢？这与它所处的地理环境以及进取精神不无关系。秦帝国存在的时间虽然很短，但是它所推行的一整套中央集权的政治制度、文化举措，为后来的西汉王朝所继承，并在中国历史上产生了深远的影响。这后面的事大家都是比较清楚的。

秦族、秦国的历史大体上可以分几个大的阶段：在西周中期以前，文献记载很少，可称之为秦古族时代；到了西周中期，秦的祖先有个叫非子的，为周孝王牧马有功，被封为附庸，此后属于附庸国时代；公元前 771 年秦襄公立国直到战国中期称王以前，则属于诸侯国时代；秦惠文王称王到统一以前,为王国时代;秦始皇统一后建立秦帝国,是为帝国时代。

从中国的历史上的王朝更替看,夏、商、周、秦都是从一个小的古族逐渐发展起来并建立了国家。秦以后的汉代乃至其他朝代的更替,情况就完全不同了,大多是国家内部一部分人推翻现政权而建立起新的王朝。当然后来有些少数民族入主中原建立国家,那是另一回事。

秦族的远古时代,也就是夏商时期究竟在什么地方目前还不清楚,而西周时期秦族主要活动于今甘肃的东部和南部一带,春秋战国时期主要在陕西关中地区则是明白无疑的。然而,有关秦古族、秦附庸国时代,也就是秦的早期历史文献记载甚少,即便是诸侯国前期,文献记载也很有限。因此,考古学探索就显得尤为重要。

20世纪80年代初,北京大学考古学系与甘肃文物考古研究所合作,在甘肃甘谷县毛家坪等地首次发掘到西周时期的秦文化遗存,从而揭开了考古学探索秦族早期历史的帷幕。

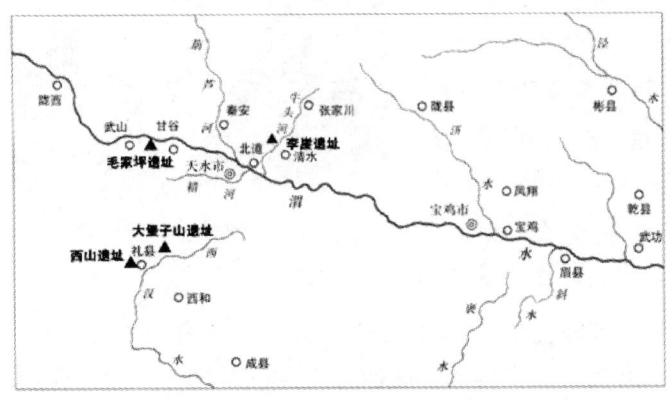

渭河上游、西汉水上游早期秦文化遗址(已发掘)位置图

毛家坪遗址属渭河上游,在渭河上游及西汉水上游,早

期秦的遗址多有分布。甘谷县毛家坪属于秦人聚落遗址,没有发现文字资料,那么凭什么说这就是早期秦人的遗存呢?考古上的主要依据是:通过考古地层学可以区分不同时代的文化遗物;通过考古类型学,即器物形态特征,可以确定年代及文化属性。关中地区秦国考古工作已进行了多年,春秋战国时代的秦文化特征是清楚的,而毛家坪西周时期的秦文化与关中春秋战国阶段的秦文化一脉相承,因而,可以知道毛家坪秦文化遗存属于秦人的遗留。考古学已经大体建立了这样一个时空框架,我们只要在遗址里发掘到一定数量的陶器或铜器,根据这些出土文物,就可以知道他们的年代及文化属性。

当然还因为秦人有自己非常独特的一些文化内涵,比如说秦国墓葬一个最大的特点就是屈肢葬,就是死亡以后,可能是经过捆绑的,把两条腿蜷曲得特别厉害,然后埋葬。这是秦人墓葬的一个典型特点。那么,屈肢葬究竟代表什么意义呢?

铜镈之一

湖北云梦睡虎地出土的秦简"日书",上面有一条记载叫"鬼怕屈卧",也就是说如果你伸直了,鬼会打扰你;如果你蜷曲,鬼就会怕你。这或许是对秦人屈肢葬的一种比较合理的解释。

另外秦墓还有一个特点就是东西向墓,即西首葬。后面

100

我要讲的凤翔秦公大墓、秦东陵，一直到秦始皇陵，墓葬方向都是东西向的。当时的周人墓一般北向，不同的部族有自己的葬俗。另外墓葬的随葬品也不同，所以我们就能区别出来哪些是秦，哪些是周，哪些是戎。

20 世纪 90 年代初，西汉水流域礼县大堡子山有两座秦公大墓被盗掘，出土了一大批重要文物，包括具有秦公、秦子铭文的鼎、簋、壶等大型青铜礼器，还有青铜的钟、镈等大型青铜乐器，以及金饰片等。很可惜，这些珍贵文物大多数已流散于海内外了。

为了进一步探索早期秦文化的面貌，寻找早期秦人的都邑及秦先祖、先公陵墓所在，我们于 2004 年启动了早期秦文化调查、发掘与研究项目。2004 年首先对西汉水上游及其支流进行了较详细的考古调查，新发现汉以前的各类遗迹 70 多处，其中以秦文化为主的遗址 38 处。2005 年对礼县县城附近的西山、鸾亭山遗址进行了考古发掘。2006 年在大堡子山做考古发掘。2009—2010 年在清水李崖遗址发掘。

在礼县西山遗址发现了西周晚期的城址，但破坏得非常厉害。在城中还发现了大型的夯土建筑基址，里面有排水管道，属于西周时期的。另外还出土了好几组春秋早期的祭祀马坑。文献记载，秦襄公被封为诸侯以后，他做的第一件事就是祭祀他的祖先——少昊之神。他祭祀的时候就是用马，所以这个发现跟这个事可能多少有一点联系，因为没有发现文字，不敢说得很肯定。

西山遗址发掘了一座西周晚期的铜礼器墓，是目前所见秦人最早的铜礼器墓。这墓有三鼎二簋，还出土了石圭、玉璧等。在西山对面有一座山，叫做鸾亭山，在山顶发现了汉代皇家祭天遗址。为什么要提到这个呢？因为它跟秦国有关。汉代祭天主要是用一些玉璧和玉圭。祭天之所以在山

文津演讲录 11

101

顶上,是古人希望通过焚烧祭品,借烟气上升来跟天帝沟通。另外这个地方出土的长乐未央瓦当,跟关中地区的瓦当是一样的。汉代早期的祭祀比较杂乱,古代哪里有祭祀,它就在那里继续祭祀。汉代只有皇帝才能祭天,普通老百姓没有这个权利。那么在这个地方祭天,说明跟早年秦国在这里祭天有关系。秦国最早祭祀的地点叫"西畤",秦人祭他的祖先之神,所以汉代才继续在这里祭祀,那么这个遗迹能够帮助寻找秦人早期祭祀遗迹,这是下一步的工作。文献记载,秦人早期有个都城叫西犬丘,有人认为西山遗址可能就是西犬丘。

2006年主要发掘礼县大堡子山遗址。大堡子山遗址位于礼县县城以东13公里处的西汉水北岸。前面已提到,90年代初,大堡子山遗址有两座秦公大墓被盗掘。1994年3—11月,甘肃文物考古研究所对被盗掘的大堡子山秦公大墓和车马坑作了劫后清理。从清理看,两座墓葬规模巨大,大的一座长110米,小的一座长88米,均是国君级别的中字形大墓,也就是秦公大墓。大堡山被盗掘的秦公大墓为"中字形",即有两条长墓道,为东西方向,与前面所说毛家坪的小墓方向是一致的,这是秦国墓葬的一个特点。商代的王陵是四条墓道,就是四边出墓道,叫"亚字形"墓。"亚字形"墓是王级的,诸侯一般为两条墓道的"中字形"墓。另外还有"甲字形"墓,就是只有一条墓道。这都是考古界约定俗成的说法。在中国古代墓道的等级是很严格的,王一级用四条墓道,诸侯一级用两条墓道,一般的贵族只有一条墓道,平民则多无墓道。所以大堡子山被盗大墓属于秦公级别应无问题。

大堡子山秦公大墓被盗掘文物一部分都流传到世界各地。美国、日本、法国均藏有多件。美国范季融先生收藏的秦公鼎、簋有铭文,一共有七八件,铸造精良。这批东西曾经在上海博物馆和香港作过展览,目前已经捐赠回归。日本美秀博物馆藏有秦公、秦子钟。上海博物馆所藏秦公鼎、簋、壶,皆从香港购回。中国古代的礼器是鼎簋相配,代表身份,比如说天子九鼎八簋,诸侯七鼎六簋等。法国集美博物馆藏有数十片秦公大墓出土的金饰片。后来甘肃省考古研究所清理被盗秦公大墓的时候还发现了一些散碎的这种金饰片,证明法国集美博物馆所藏确实是秦公大墓出土的。

2006 年对大堡子遗址进行了全面、详细的钻探和调查,确定再没有大墓分布,但钻探出数百座中小型秦墓。此外,在大堡子山也发现一座城,这个城的规模要比西山城址大得多,总面积达 55 万平方米,时代上比西山城要晚一些,是春秋早期的。2006 年在大堡子山遗址主要发掘了大型建筑基址、祭祀遗迹以及一些中小型秦墓。

大型建筑基址南北全长 103 米、东西宽 16.4 米(包括夯土墙基在内的宽度),东西墙之间的正中发现 18 个大型柱础石(间隔约 5 米,缺失 1 个),与东西墙一字平行排列,从而形成南北 20 开间、东西 2 开间的大型土木结构建筑。从该建筑所处的位置,以及建筑结构分析,似为大型府库类建筑,始建于春秋早期晚段。

发掘的大型"乐器坑"位于被盗秦公大墓(M2)的西南部,相距约 20 余米。坑长 8.8 米、宽 2.1 米、深约 1.60—1.30 米,东西方向。坑内南排木质钟架(仅存朽痕)旁依次排列 3 件青铜镈、3 件铜虎(附于镈)、8 件甬钟,镈和钟各附带有 1 件青铜挂钩;北排磬架(仅存朽痕)下为 2 组 10 件石磬,均保存完好。3 件青铜镈一大两小,最大的一件通高 66 厘米,重 48.4 公斤,舞部及镈体部以蟠龙纹为主要装饰;四出扉棱为透空的纠结龙纹,造型华美,保存完好。鼓部素面,有铸铭 28 字。该"乐器坑"是在大堡子山遗址遭多次大规模群体性盗

103

掘后幸存下来的,因而,该发现实属不易。通过对"乐器坑"出土铜镈铭文的研究,基本可以确定两座被盗大墓的墓主为春秋早期的两代秦公。

前面已经说过,公元前771年秦襄公被封为诸侯之后就逐步向关中西部迁徙,但当时的关中西部有戎人及周遗民存在,秦人能否在关中立住脚还是未知数。因而,春秋早期的秦人一方面积极向关中进军,另一方面仍继续经营祖地,即仍以甘肃东部为后方根据地,多代秦公死后仍葬埋在祖地礼县一带。因此,礼县一带应当还有好几座秦公大墓或是更早的秦先祖大墓没有被发现,这是今后应当重点关注的课题。

以上我们讲的是礼县的秦公大墓,接下来我们要讲关中地区的秦公大墓。公元前677年,秦德公元年"初居雍城大郑宫",自德公元年迁都雍城后,直到战国中期秦孝公迁都咸阳,雍城一直是秦国都城所在地,建都的时间非常之长。

在秦都雍城以南10公里三畤原上发现的秦公墓地,规模非常之大,占地达21平方公里,迄今已经钻探出14座秦公陵园、共21座中字形秦公大墓。一般人都知道秦始皇陵,但对这个地方恐怕不是特别了解,但这是非常重要的一个地方。中国古代从商代到西周春秋时期,墓葬在地面上基本是没有封土的,所以春秋时期的这些秦公大墓地面上不起坟,是不容易发现的。到了战国中期以后才开始出现封土。因此雍城秦公陵不像是秦始皇陵那样明显。那么这些秦公大墓是怎么发现的?当年陕西的考古工作者在雍城做考古的时候,从当地老乡那里得知在这一大片区域庄稼长得不好。这是因为大墓是夯土筑填起来的,土质坚硬,不易排水,所以长不好。后来就在这里钻探,钻探出来了这么多座秦公大墓。

雍城秦公墓地目前只发掘了一号秦公大墓。该墓平面为中字形,东西方向,全长303米,总面积达5334平方米,是迄今为止先秦所发掘的规模最大的墓。该墓已严重盗扰,在填土中发现各时代的盗洞竟有 200 多个。墓室为长方形,长约 59 米、宽约 38 米、深 24 米;东墓道长约 156 米,西墓道长约 84 米,东西墓道皆呈斜坡状。根据墓内出土石磬上的铭文,基本可确定为春秋晚期早段的秦景公之墓。

早期的秦公葬地除前述礼县大堡子山外,在宝鸡平阳也应有秦公大墓,那里曾出土过具有长篇铭文的秦武公镈,现藏宝鸡市博物馆;接下来就是凤翔秦雍城的 20 多座秦公大墓。雍城之后的秦公、秦王葬地至少还有两处,一处在秦都附近的咸阳原上;一处是在骊山西麓,即离秦始皇陵约十几公里远的临潼韩峪乡,被称之为"秦东陵"。这两处秦公或秦王陵,目前正在做考古钻探,已探明了多座。与春秋时期的秦公大墓相比,战国秦陵一般有高大的封土,自秦惠文王称王后,秦王陵开始使用四条墓道,即提高了一个等级。有关战国秦陵的具体情况,因考古工作正在进行中,一些资料尚未发表,这里就不多说了。总之,从秦公大墓到秦王大墓,再到秦始皇陵,可以说是秦国历史发展的一个缩影。

下面讲秦始皇陵。文献上记载秦始皇是出生在赵国邯郸,司马迁讲他姓赵,叫赵政。最近北京大学征集到了一批汉简,其中有一篇叫《赵正书》,《赵正书》讲的就是秦始皇。

秦始皇生于公元前 259 年,13 岁继承王位,22 岁亲历朝政,39 岁统一中国,建立中国历史上第一个统一的中央集权的秦帝国。中国古代到了战国以后开始筑寿陵,所以秦始皇继承王位之后就开始修自己的陵墓,当然开始修的可能规模小点,秦统一以后又大规模增修,一直到秦始皇死后还在修筑。秦始皇陵修筑时间长达 38 年,人数最多的时候据说达到几十万人。

在历代帝王里,秦始皇陵以规模巨大、建筑奢华、埋藏丰富而著称。秦始皇陵占地有 56 平方公里,主要分几部分:地宫、封土、城垣与门阙,各种陪葬坑、陪葬墓,各种附属建筑以及陵邑等。它们是一个整体,但是现在地面上我们能够看到的主要就是高大的封土堆了。1974 年农民打井发现兵马俑坑,经过 30 多年的勘探发掘,已经对陵园的情况有了基本了解。

司马迁记载,秦始皇修建陵墓叫做"穿治骊山",秦始皇陵的名字就叫"丽(骊)山"。秦始皇陵园内出土文物上面写的就是"丽山园"。

关于秦始皇陵的地宫,司马迁在《史记·秦始皇本纪》记载:"始皇初即位,穿治骊山,及并天下,天下送徒诣七十余万人,穿三泉,下铜而致椁",就是说他的棺椁使用了铜构件。"宫观百官奇器珍怪徙臧满之,令匠作机弩矢,有所穿近者辄射之"。这是说有防盗设施。至于一些电影中有关秦始皇陵地宫的描写,多半是想象的。"以水银为百川江河大海,机相灌输,上具天文,下具地理。以人鱼膏为烛,度不灭者久之"。这句话大意是:秦始皇陵地宫掘得很深,棺椁用铜装饰;墓顶绘有天文图像,下面模拟山岳地理地形,修筑江河湖海,并灌注水银使之川流不息;地宫内放满各种珍奇异宝,用人鱼膏制成长明灯;为了防止盗墓,墓内设有自动发射的弩机等等。司马迁的记载究竟可靠不可靠呢? 司马迁是非常严肃的一个史学家,他所记载的商代的历史被证明是可信的,他记载的秦国早期历史,根据我们这些年的考古工作,已经证明绝大部分是可信的。司马迁是汉武帝时代的人,距离秦代并不远,所以他记载秦始皇陵地宫情况想必是有根据的。怎么来证明司马迁的记载是可信的呢? 因为地宫现在没有发掘,而且至少近几十年也不可能发掘,这里面的珍藏我们并不知道有什么。幸好前些年科学工作者运用现代科技方法探测出秦始皇陵地宫内和封土里面有极强的汞,就是水银的异常反映,而且远远高过周边地区。这说明秦始皇陵地宫使用了大量的水银,水银挥发以后就到了封土上面,通过钻探提取里面的土样检测,便可知道大概。

这里有两点值得关注:第一,司马迁所记载的秦始皇陵地宫的埋葬大体是可信的;第二,秦始皇陵不一定被盗,或者盗扰不严重,这是因为被彻底盗乱后,水银就挥发了,不一定在封土里面了。

迄今为止,在秦始皇陵陵园内外发现各种陪葬坑180余座,数量之多、规模之大都是空前的。主要有3个层次:一是外城垣以外的,二是内外城之间的,三是内城以内的。包括兵马俑坑、石质甲胄坑、百戏俑坑、文官俑坑、铜车马坑、器物坑、马厩坑、动物坑、水禽坑等等。

中国古代埋葬的一个基本概念就叫视死如视生,就是生前拥有什么,死后还要照常拥有。秦始皇作为千古一帝,他生前拥有无限高的权力,死后还要继续在地下世界做帝王,所以他把生前所拥有的东西都拿到地下去埋葬。

我们主要看看兵马俑坑。曾经有人说秦始皇陵兵马俑不属于秦始皇陵,是宣太后的。其实你到这里一看就知道,别人没有这个能力。这个工作量极大,花费的代价极大,一般人是不可能做的,只有秦始皇这样的人才有能力做这样的兵马俑。秦始皇建造兵马俑是因为他生前有强大的军队,死后还要埋葬在地下。

秦俑为什么在世界上受到这么大的关注?主要原因在于:其一,数量多,三个俑坑有兵马俑七千多尊。第二,形体高大,其个体较一般真人还要高大。你到现场以后明显可以感觉到一种气势、一种震撼。

秦陵兵马俑不仅是秦国军队的写照,而且是中国雕塑史上的一个奇峰。它规模之巨大、气势之宏伟、形象之逼真,超越感官和想象所能容纳的惯常极限,给人咄咄逼人的感受。秦俑作为秦始皇军队的象征,是在特定的历史条件下产生的,它以表现军队的强大和步调一致为原则,因而更多显示的是一种整体的美、宏大的美、力量的美。秦俑的原形取材于秦军将士的形象,来源于生活的真实,因此在不破坏主题精神的前提下,适当突出了个性的美,塑造出不同身份、不同年龄、不同姿态、不同性格特点的多种人物形象。这里引用秦俑之父袁仲一先生的话加以总结:在秦俑发现以前,人们看惯了西方雕塑,而秦兵马俑带给人们一种全新的具有东方色彩的艺术形象。秦俑艺术风格是写实的,但也恰当运用夸张和概括,在艺术手法上把圆雕、浮雕、线雕、彩绘有机地结合起来,取得了雕塑与彩绘相得益彰的艺术魅力,秦俑大型群塑在艺术风格和艺术技巧上都开创了新的境界,并形成了雕塑艺术的民族风格。

(讲座时间:2010 年 6 月)

孟宪钧

碑帖拓本的欣赏与鉴定

孟宪钧，1947年生于北京。自幼对古籍版本和碑帖鉴定即怀有浓厚兴趣，青少年时期曾师从雷健农、秦仲文、刘博琴、归质忱等前辈学习书法、绘画、篆刻等。自1980年代后得到启功先生的指导，比较擅长古籍版本和碑帖拓本的鉴定。1985年毕业于复旦大学历史系文博专业。现任北京市文物鉴定委员会委员，《国家珍贵古籍名录》评审专家。长期任职于文物出版社，曾任编辑部副主任，1994年获副编审职称。主要编辑作品有：《商周青铜器铭文选》《中国书画家印鉴款识》《中国金石集萃》《新中国出土墓志》《中国考古学文献目录》。著有《纸润墨香话古籍》以及论文多篇。

大家好！今天应"文津讲坛"的邀请，给大家讲讲碑帖的欣赏与鉴定。

首先说一下碑帖的概念和范围。现在我们通俗地讲碑帖，你到书店去买碑帖，不管是黑底白字的还是白底黑字的，凡照着临摹写字用的都叫碑帖。实际上碑、帖、法书，这三个概念是不一样的。法书指的是历代名人的墨迹，用毛笔写在丝织品、纸上的墨迹。碑是刻在石头上的，我们现在知道最早的就是周代的石鼓文，然后秦刻石、汉碑、魏碑一直到唐碑，包括墓志等等。帖是古代人写信留下来的墨迹，到了宋代，也有的说是在五代，人们有意识地把这些东西刻下来保留下来，再传拓出来供人们临摹、学习欣赏之用，就称为帖。帖有刻在石头上的，也有刻在木板上的，像现存北海公园的《三希堂帖》《快雪堂帖》，都是刻在石头上的，但有些帖是刻在木板上的。

关于碑的范围我简单给大家介绍一下。碑是一切石刻文字拓本的总称，这是我自己这么体会，所谓碑可以这样简单概括。其实有少量其他材质的，比如说铅的、瓦的、陶的，实际上那些质地不是石头，但是数量极少，前人把它也包括在碑里面。

前人关于碑的分类很多。比如说叶昌炽的《语石》把碑分成德政碑、石经、字书、封禅、诏敕、符牒、书札、格论、典章、谱系、界至（就是界碑）、诗文、墓志、塔铭、浮图（就是和尚的墓上的塔)、经幢、刻经(这都是跟佛教有关的)、造像、画像、地图、桥柱、井阑、柱础、石阙、题名、摩崖、买地莂、投龙记等，一共列了43类。陆和九先生，也是近代的大金石学家，新中国成立前在多所大学教"中国金石学"。他把碑刻分成四大类：碑碣、志铭(包括墓志)、石画(就是画像石之类)、刻经(就是佛教的，或者其他宗教的经)。我觉得过于简略，未能囊括。原来故宫博物院的老院长、著名金石学家马衡先生著有《中国金石学概要》，他将碑刻分为：碣、摩崖、碑、造像、画像、石经、释道石经、医方、格言、书目、文书、墓志、谱系、地图、界至、题咏、题名、桥、井、食堂、神位、黄肠、石人、石兽、器物、石阙、柱、浮图塔。他从叶昌炽的分类里面脱化出来，略有删减调整，比较好。朱剑心的《金石学》则将碑刻分为十类。杨殿珣先生的《石刻题跋索引》，从索引的角度把石刻分成七大类，但是把砖瓦、法帖也包括进去了。所以各家分类不一样。

对于以上的各家分类，我的意见是以朱剑心的说法为主，包括刻石、碑碣、墓志、塔铭、经幢、造像、石阙、摩崖、买地莂等九大类，此外就是画像石、石经还有建筑附属零散刻铭，像井铭之类的，都统归于建筑附属零散刻铭，因为这些刻铭是以建筑为主、刻铭为辅，是处于附属地位的，所以把它作为建筑附属零散刻铭比较确切。《中国大百科辞典·考古卷》就是这么分的类。这样分类就简化多了。

碑刻里面主要的就是碑。碑包括碣，大碑叫碑，小碑叫碣。墓志是埋在土里的。还有造像记，就是以龙门石窟为主的这种。还有摩崖，就是依着山体刻的大碑，不用怎么修饰的，像陕西汉中的、山东掖县云峰山都属于这一类。此外还有石经，石经有儒家的十三经，也有像"房山石经"这样的佛经。这样的几大类差不多就能囊括碑刻的主要部分，凡是这些碑的拓本我们统称为碑刻拓本。

对于帖而言，它的目的就是为了让你临习写字用的，就是艺术欣赏用的。碑的主要目的还不是如此，它一开始是实用的，也许是记一件事，也许是纪念一个人。比如为一个伟大的事件立一个碑，或者某个人去世了，为了纪念他立个碑，是有着很强的实用性的。但客观上因为它书法好，就成了很有名的艺术品。所以碑和帖的区别还是有的，碑起初并不是专门为了让人临摹写字用的，但客观上它有时代代表性或较高的艺术性，就成了名碑了。帖则不然，帖本身就是供人写字用的，就是艺术欣赏。二者功用不同，质地也有不同，碑是刻在石头上的，帖则有的是刻在木板上的，碑帖的大致区别就是如此。

研究帖的很有名的一部著作，就是中山大学容庚先生所著的《丛帖目》，如果大家对帖有兴趣可以去参考。帖可分三种形式：一是丛帖，就是多人书写的多种帖，后来汇为一编。像《淳化阁帖》《大观帖》《真赏斋帖》《快雪堂帖》《三希堂法帖》，都属于丛帖。二是单刻帖，比如《争座位帖》《玉版十三行》，就这一种，就是一个人写的，这叫单刻帖。三是一人刻帖，就是收录一位书法家的多种作品。比如说浙江博物馆收有颜鲁公的《忠义堂帖》，就是颜鲁公一人的。又比如说像天津博物馆和北京文物公司各有一卷宋拓《西楼苏帖》，收的都是苏东坡的作品，当时是很多卷，现在就存这么两卷，这就属于一人刻帖。

我要讲的第二个问题，就是碑帖的定位和研究途径。我一直想把现在碑帖到底处于一个什么位置，它应该属于哪个学科的这个问题理清楚。我目前想到的，就是碑帖和考古学、铭刻学、金石学之间的关系比较密切。前两种学问都是进口货、洋的，第三种是国产的、传统的，但是这门学问现在已经没了，已经被考古学所替代、所消化。

金石学是中国的一个传统的学问，它是在宋代形成了一个高潮，主要研究青铜器和石刻，刚才我们讲的43种石刻类型都包括在这里面，金石学就是对它们的文字以及形制、花纹等进行研究。但是就传统金石学而言有一个缺点，它偏重于铭文的研究，忽视器形、出土环境、纹饰的研究，所以它不够科学，但是历史非常悠久。随着20世纪西方考古学的进入，金石学就逐渐地被考古学所吸收了，它不单独成为一门学问了。那么成为什么呢？我以为应该是现代考古学当中的铭刻学。所谓铭刻学就是对金、石以及其他物件上铭文的研究，因此金石学，除了金和石以外后来又发展了，包括甲骨、玺印、封泥、简牍都在金石学范围里了，又逐渐地演化为铭刻学。还有就是古文字学。严格地说，古文字学就是研究小篆以前的文字资料，比如甲骨文、青铜器铭文、战国文字、简牍等等。简牍中的秦简是在《说文》以前，汉简和《说文》同时或者稍后，但它保存了古形古意，也在古文字的研究范畴。有些石刻也算，比如石鼓文，实际上它是小篆的源头。大家如果对此问题有兴趣，可以看看《中国大百科全书·考古卷》有关的条目，或者看看李学勤先生《古文字学初阶》，对我们了解这个问题都有帮助。

金石学在清代达到了一个高峰。它达到高峰有两个原因，一个是政治上的钳制，封建统治者怕你反清，他就不让你过问政治，搞了多次文字狱，压制知识分子。那么知识分子怎么办？不能研究政治，不能研究现实，就躲到古代在故纸堆里面搞研究。再一个是适逢当时又出土很多新的青铜器和石刻资料，所以继宋代以后，在清代又掀起了一个金石学的高潮，涌现了很多著名的学者。有一本书挺有意思，就是《清代乾嘉学派与书法》。乾嘉时候金石学特别兴盛，其实很多金石学家本身就是书法家，他天天研究这个，天天写、天天

114

摹,字写得都不错,都有一定的水平。当时主要的代表人物就有翁方纲、钱大昕、王兰泉(就是王昶,《金石萃编》的作者),以及稍晚的翟云生、钱泳等。乾、嘉、道这一段,书法家特别多,字写得好。但他们也有缺点,就是局限于文字,通过文字来研究历史,研究古代的典章制度,而没有现代考古意识,重视铭文而轻视器形、轻视花纹。器形本身也是断代的一个依据。到了郭沫若在20世纪的三四十年代做《两周金文辞大系考释》的时候,他就综合研究这些东西了。郭老有贡献,他把青铜器研究的大的架构体系建立起来了,具体结论有错,后来人可以在他这个大架构下修修补补,提出很多具体的修补意见,但没有超越他的,因为总体架构人家给你搭好了。他不但解读文字,同时也重视器形、重视花纹,他有现代考古学意识。

　　我们今天讲的碑帖,实际上就是传统金石学的一部分,特别是碑。当然它也有金石学的缺点,就是上面说的重铭文、轻花纹、轻形制,没有进行断代研究,没有形成完整的方法论和科学体系。随着现代考古学的形成,到了现代,金石学不存在了,它已经融在考古学里头,分成几份了。碑刻资料有的就作为古文字资料,有的作为铭刻学资料,所以单独的金石学严格地讲是不存在了,这个碑帖到底怎么定位,也没有一个准稿了。依我个人之见,一个就是文物学范畴。比如藏说在国家图书馆、上海图书馆的善本碑帖,以及国家博物馆、上海博物馆保存的很多碑帖,它就算文物。还有一部分普通的,不够善本的,就作为石刻学,就是考古学的分支——铭刻学的资料。我听说北大这几年新收了碑帖资料8000多件,好多都是新出土的,那绝对不够善本,字也不好,又是新拓的。但是它有很重要的文献价值,很多研究唐史、南北朝史的论文都是依据这些参照文献做出来的。把这个碑帖拓本的资料复制也好,备份也好,作为研究历史的文献来使用,使用的是它的内容。前者注重的是形式,因为它年代久远,艺术性高。后者注重的是它的文献价值。

从文物学的范畴而言,碑帖的主要价值在于鉴赏。比如说宋拓、明拓、清拓就是文物了,它就既有文物价值也有鉴赏价值。这就需要我们做鉴别,是真的是假的?是早的是晚的?是精的是粗的?这就是我们现在做的具体工作,或者说我本人主要从这个角度,还是从表皮浅层次来研究的。从石刻学的范畴来看,碑帖可供研究的内容还有很多,从文学角度、文字学角度、历史学角度或者图书馆学编目等各个角度都可以做研究。比如从文字学的角度,20世纪60年代启功先生出了一本《古代字体论稿》,是讲文字的演变的,这里面大量的都是碑刻资料,他就是利用石刻碑帖资料研究文字学。至于从历史学的角度研究的就更多了,古代像清乾嘉时代的钱大昕等很多学者,都从碑刻、石刻当中来研究历史。近代有一个老先生马雍,有一篇论文是讲汉代的,那里面就用了《曹全碑》。《曹全碑》是明代万历年间在陕西出土的,它里面记载着黄巾起义的事。还有位老先生马长寿,写过一本《碑铭所见前秦至隋初的关中部族》,以及中山大学岑仲勉先生的《贞石证史》,这两本书都是利用石刻资料研究历史的典型。

新出土的墓志、石刻作为文献资料,在研究中非常有用,这些年出了很多。比如新出的《王之涣墓志》,这个大诗人的墓志出土了,那对研究他有很多好处,跟传记一对,就有记错的、不一样的地方,可以来核对研究。还有像柳公权的《回元观钟楼铭》,颜真卿的《郭虚己墓志》。就是王羲之书写的碑刻资料没出来,南京出土《王氏墓志》等都是方方正正的那种字,不能证明是王羲之的,王羲之的字写得特别流畅。到了近代,罗振玉、王国维他们利用金石资料考经证史达到一个顶点,现在也就是在他们的基础上延续,并没有超越,也没有产生超越他们的大家。

除了文献方面的研究外,碑帖研究落实到我们这里的还有最主要的一点,就是赏鉴、收藏,包括研究其书法艺术。因为传统的研究碑帖的没有什么特别的大家,在整个学术圈当中它没有地位。它是一种附属的文化现象,就是一些老的官僚、知识分子,出于收藏鉴赏的一种娱情目的而形成了碑帖研究,始终也没有成为主流。它是一个很末流、很微小的东西,金石学里的一小部分。在清代乾嘉时候最有代表性的就是翁方纲、黄小松(黄易)。我再列一些代表性的人物,比如说在清代研究碑刻比较著名的,像阮元毕沅这都是大官僚,阮元做过两广总督,毕沅做过陕西巡抚。刘燕庭是刘墉的侄孙,出身大家,背景很好,爷爷当过宰相。张廷济,著名金石学家,嘉兴人。何绍基、赵之谦,这都是大的书法家,他们写跋的东西都很珍贵。沈树镛是赵之谦的朋友,也是大收藏家,他收藏的碑帖赵之谦全给他题,不是写题就是写跋。他的藏品质量高,也有目录传世。他还有一个叫魏锡曾的朋友,也是著名金石家,有《𪩘语堂题跋》传世,凡是他们品题过、收藏过的东西,都是很重要的。近代比如说端方、陈介祺、吴式芬,还有《老残游记》的作者刘鹗,以及发现甲骨的王懿荣,都是很重要的碑帖研究专家、金石学家。再往后就是罗振玉、姚华、方若(著《校碑随笔》),原来故宫博物院老院长马衡。还有上海大画家吴湖帆,他祖父是吴大澂,外公是沈树镛,他夫人的叔叔是潘祖荫,教育也好,背景也好,见的东西也多。还有一些人物,大家一听就很熟悉,像林则徐、龚自珍,也是著名的金石学家,而且研究很深,非常专业。他们留下很多金石学著作,我在这就不一一列举了。

以上讲了一下碑帖的概念,碑帖跟传统金石学、古文字学、考古学的关系,它现在的定位以及研究途径。我再重复一下,古代有几个研究的思路,上面也都谈到了。一个就是收藏的路子,就是像翁方纲这样对碑帖的收藏、鉴藏。因为翁方纲就是清代一个很有名的大收藏家、鉴藏家,有的不是他的藏品,别人也请他来写题跋。他有水平、有地位,还参加过《四库全书》金石部分的编撰。上海图书馆的沈津先生,对翁方纲就做过很多研究,编过《翁方纲年谱》。还有一个就是考据,就是刚才我们说的王国维、马长寿、岑仲勉他们这个路子,就是研究文献、历史,清乾嘉时就是以钱大昕为代表。再一个就是著录,就是王昶曾经做过的。他最有名的书就是《金石萃编》,其中周、秦、汉的部分,碑刻原文是篆字照录篆字,是隶书照录隶书,对我们现在认识这些碑刻有很大帮助。

　　下面再讲讲另外一个最关键的东西,就是碑帖善本的标准怎么定。碑帖跟古籍不一样,古籍20世纪80年代全国就搞了善本书总目的编撰,当时定了很多条例。现在李致忠、李国庆先生又编了一个《古籍定级标准》,把古籍分为一、二、三、四级,什么列一级、什么列二级很清楚。这个事古代就有人做,比如像张之洞、丁丙、缪荃孙都提出过古籍的善本标准,但是不很完备,到新中国成立后我们把它弄得很完备。古籍现在家底比较清楚,虽然著录不十分准确,但大体可靠。但碑帖没有,连个善本标准都没有。我根据自己多年来对碑帖的接触,感觉大致也不外乎古籍的那三性。古籍有三性:一、历史文物性;二、学术资料性;三、艺术代表性。总之,年代早、艺术性高、学术价值高,就是善本碑帖定级的主要依据。主要有四个要素。一个是考虑它的年代,要年代久远,宋、明、清早期,还有就是重视初拓。再一个就是数量,衡量它珍不珍贵,够不够善本,存世数量很重要。物以稀为贵,太多就不行了,如果很稀少就一件,那就是孤本了,肯定很好。第三个是价值,包括艺术价值、文献价值,甚至也可以说经济价值。第四个,附加的文化价值或因素。就是指一件碑帖有前人的钤印、题签、释文、题跋,甚至于相关的书札以及装潢形式,等等。

我把这以上四个要素再逐一详细解释一下。首先年代早,就是要强调它距今要久远。从碑刻来讲,最早的拓本有少量的几种唐拓,有宋拓、明拓、清早期拓本,还有初拓。比如有个隋《董美人墓志》,道光年间在陕西出土,时代不早。但是很快石头佚失了,所以它最早的拓本也很珍贵。这个《董美人墓志》史料价值也不高,有的学者写文章认为里面记载的很多人物制度与史实不合,对它持质疑态度。但是它的书法特别美,是从魏晋南北朝书法向唐代书法转换的一大关键,是一个总结性、阶段性的代表作,可以说是隋代书法的一个集大成者,和《龙藏寺碑》类似,而且它的原石又佚失了,所以尤其珍贵。上海博物馆有一件是整轴淡墨拓的,国家图书馆有一件是浓墨拓的,四周诸家题跋都满了,都是当时的名家。所以在今年第三次全国珍贵古籍名录的评审当中,我力主将其评为珍贵古籍。但是也有不同意见,认为这件作品年代太晚了。我说它就是道光出土道光拓,然后石头就佚失了,这道光拓本就是最早的。特别是原石已经不存了,我觉得就可以,最后还是接受我这个意见,入选了《珍贵古籍名录》。所以说在确定善本的过程当中要强调时代早,但又不唯时代早,就是要灵活掌握。这就要结合第二条,就是数量要稀少。物以稀为贵。有的拓本存世很多,比如《圣教序》,这个拓本北宋本大概得有10本左右,南宋本就更多了。当然它也珍贵,尽管它存世多,那它也得定一级,元以前都是一级,但是这个东西确实存世量大。因为当时人就重视它,喜闻乐见。

还有些东西,不仅数量稀少,而且流失到了国外。比如说国家博物馆有一个《沮渠安周造像碑》,这个碑是北凉的,非常少见,文献价值、书法价值都高。原碑在清末卖到德国去了,后来端方出使德国的时候匆匆忙忙拓了一份回来,拓了个整份,还拓了个四分之一,回来以后卖给一个叫李介如的湖北人,李介如为此还给自己起个斋号——"北凉碑馆",李介如的后人在 1976 年又卖给国家博物馆。《沮渠安周造像碑》的原碑在二战中被毁了,所以存世的就是这么一个孤本,尽管是清末拓,也绝对是一级。还有像北魏的《元飏墓志》《常季繁墓志》在日本,东魏的《五百人造像碑》卖到美国去了。《曹望禧造像》不但图像好,文字也漂亮,卖到法国去了,也有人说在美国看见了。这些东西都属于流失海外。像这样的情况有很多,罗振玉有一部《海外贞珉录》,凡流出到国外的他都记了,还有些碑刻我们都不知道,原来东西已流失海外,十分可惜。

第三点就是艺术价值、文献价值。像刚才举的这个《曹望禧造像》,它的艺术价值就很高。还有一个叫《元显隽墓志》,20 世纪初在洛阳出土。形制是一个大乌龟,底下是铭文,上面的乌龟壳是墓志盖,上面一行字"故处士元君墓志",那乌龟活灵活现的。还有隋代的杨居墓志,上头是一只小兔子,朱拓,那小兔子跟活的似的。这些东西的艺术价值都很高,字也好。所以凡是艺术价值、文献价值高的也可以列入善本。比如《大秦景教流行中国碑》是讲基督教怎么传入中国的,像《好大王碑》记载了高丽好大王的情况,都有很重要的文献价值,所以稍微早一点的拓本就定善本。

最后一点就是附加的因素。什么叫附加的?就是铃印、题签,或者原文是篆书、草书的后人做了释文了,最后写了一篇题跋讲这个碑帖的来龙去脉,或者附了一封信送给某人了。以题签为例,有时候大家可能对题签不太重视,古代的碑帖可有讲究。一本书的题签本来在外面,但好多碑帖都给挪到内页去了,就是为了保护这签。有的一个碑帖三个签,为什么呢?三个人收藏过。第一个是乾隆时,第二个是道光时,第三个是光绪时,递藏经过一看题签就一目了然。有时题签能带给我们很多信息,比如我见过一个《高植墓志》,吴昌硕题签。吴昌硕说:"此初拓本,无'龙飞凤舞'四字。"就是说这墓志后来人们在空白的地方刻了四个字,叫"龙飞凤舞"。没刻之前的是早期拓本,刻了这个的就是晚期拓本。后来这石头也没了,所以早期、晚期拓本都很珍贵,但早期更珍贵,这一点吴昌硕就在签里面提到了。我的老师王靖宪先生,就曾经写过一篇关于碑帖题签的文章,登在《收藏家》上,所以这个题签带来的信息量特别大。然后就是题跋。如果一本很好的字帖后面附上一篇很漂亮的题跋,那不就给它增色了吗?所以我把它称之为附加的文化因素、文化价值,一件碑帖一经品题身价十倍。比如褚德彝跋《陶贵墓志》、张祖翼跋《曹全碑》、翁同龢跋《砖塔铭》、陆恢跋《史晨碑》、罗振玉跋《杨绍买地莂》、张伯英跋《星凤楼帖》、马衡跋松江本《急就章》、启功先生跋《龙藏寺碑》,等等,都是如此。所以像题签、题跋等这些附加因素,也能够决定一件碑帖是否入善本。假如某一个东西原本定三级,如果有这么一个名家题跋,就可以再提升一级。以上说的就是确定善本的四个因素,我觉得这应该是我们今天讲的一个比较重要的问题。

　　下面再讲一讲如何对碑帖进行鉴定。所谓鉴定,简单解释说,就是我们拿了一个碑帖,怎么来确定它的真伪、早晚。鉴定碑帖有这么几个因素:一个就是墨色。越早的墨色越深沉,新拓的跟旧拓比就显得白。还有一种清末拓大碑,墨不够,兑了煤烟等其他的一些黑色的调色料,一摸一手黑,那绝对不是好拓本。而像清代宫廷多用的乌金拓,乌黑锃亮,一般应该是比较好的,比如《三希堂》的早期拓本,它就是用的乌金拓。再一个是看纸。这就是凭经验了,宋代的是麻纸,明代的是棉纸,这个你得翘起来一点看,或者你得有经验看帘纹,不是很简单地看,因为它已经拓黑了,就留点白字,但有的空白地你看那纤维就能看得出来。再看装潢。国家图书馆第一批申报善本古籍名录的时候,有一个《大智禅师碑》。这个碑是唐代隶书,边上都被水浸过,不好了,但是个宋装,而且是内府的库装。里面跋文之类的都没有,但前面有一个张伯英的签,宋库装本《大智禅师碑》,我就力主定一

级。因为一般来讲,善本碑帖都要求有附加文化价值,比如有题跋的。这一本什么都没有,但是足以证明其珍贵性,因为它是宋代宫廷里面装裱的原样,这个历史的文化信息太重要了。别的都是明代、清代重裱的,这个是宋代裱的,虽然有点破了、脏了,也没关系,它给我们反映的是宋代的信息。我们从碑帖的装潢就能看出年代。比如我见到一本《玉版十三行》,挺破,我无意中一翻,里面有一个落款,乾隆五十七年装于杭州,裱的时候写在里面了。那么这个拓本一定早于乾隆,根据墨色看应该是康熙、乾隆之际。所以装裱情况有断代作用,它用的锦是乾隆时的,用的板也是乾隆时候的,不是清末光绪时候重装的。装潢本身能够断代,能够给我们文化信息。此外还有附加的文化因素,过去在书店行里叫"帮手",这很形象通俗,就是指的印章、题跋、题签这些碑帖本身以外的东西。拿书做比方,假如一本书盖了若干图章,一般来讲,头一页的最下面一个印章最早,以后依次往上盖,最上面的印最晚。你由下到上一看乾隆、嘉庆、道光、同治、光绪、近现代,按规矩应该是这样排的,大体上古人都懂这规矩。

刚才我们几点都讲了,还有一点就是考据字,最后我们讲讲这个。考据字就是前人总结的鉴定碑帖特有的方式,可以比喻成类似于古籍鉴定当中避讳字的运用。古籍当中避讳字,比如康熙避"玄",道光避"宁",一看避字就知道时代。考据字也类似,但他是若干代人逐渐总结的。好多年轻人看《校碑随笔》看半天看不懂,怎么看还是一头雾水,不明白。这里有两个误区。古代人把大碑割成条以后裱成一个册子,搁在案头上好写,它原来的行就变了。《校碑随笔》说行是一大行。比如说 36 个字一行,它指一大行。割裱本一行才五、六个字,那就得六行才是原碑的一行,所以一定要理解它是割裱了的。古代人崇尚割裱本,这样好翻看,考据字的时候一定要考虑到它是整张的第几行第几字,以此来对照。再一个记不住。我小时候也是记不住,看多了,熟悉了,就记得住了。我自己总结了一下,就是要把一些重要碑刻的关键字找到,一个碑总结了好多考据字,某个碑这个人这么说,那个人那么说,你就搞不清楚了。所以我自己主张抓一个碑的一两个关键字,假如这一两个字解决了,再看别的就完全迎刃而解。不要背那么多,谁也记不住,就抓一两个关键字一下解决问题了。

　　例如,汉碑当中举其要考:

　　汉《三老碑》记住一个"次"字,就是旧拓本与新拓本的区别。

　　汉《鄐君开通褒斜道刻石摩崖》俗称《大开通》,就记住"钜鹿"二字。

　　汉《石门颂》记住一个"高"字剜否。

　　汉《礼器碑》关键看"太古"和"绝思"等字。

　　汉《乙瑛碑》关键看"碎谁"的"碎"字。

　　汉《史晨碑》关键看"春秋行礼"的"秋"字。

汉《曹全碑》关键看"秉乾"的"乾"字。

汉《张迁碑》"东里润色"本绝无仅有,关键看"征拜郎中"的"拜"字。

魏碑当中举其要考:

魏《嵩高灵庙碑》关键看首行"太极剖判"的"剖"字。

魏《始平公造像》关键看"匪鸟"的"鸟"字。

魏《孙秋生造像》关键看"祖香"二字。

魏《司马景和妻墓志》关键看"延昌二年"的"年"字。

魏《刁遵墓志》关键看"父谁"的"谁"字以及"曾祖彝"等字。

魏《张猛龙碑》关键看"盖魏"二字以及"冬温夏清"四字。

总共列举了 20 件碑刻的考据字,并附图像,供大家参考,其余每一件碑刻几乎都有考据字,可在实践中,边利用参考中,边理解,边牢记。以上就是我研究碑帖的几点心得。我这些东西是很粗浅的,是抛砖引玉,如果想深入了解,可以参考相关的著作。谢谢大家!

(讲座时间:2010 年 7 月)

郑欣淼

故宫文物南迁的意义和影响

郑欣淼，1947年10月生，男，汉族，陕西省澄城县人。2002年9月任故宫博物院院长，2003年9月兼任故宫博物院党委书记。政协第十一届全国委员会委员，政协第十一届全国委员会文史和学习委员会副主任。多年来从事政策科学研究、文化理论研究、鲁迅思想研究；2000年以来，着力于文物、博物馆研究，2003年首倡"故宫学"。先后出版著作12部：《政策学》（陕西人民出版社1989年）、《文化批判与国民性改造》（陕西人民出版社1990年）、《社会主义文化新论》（中国青年出版社1995年）、《鲁迅与宗教文化》（陕西人民教育出版社1996年，中国社会科学出版社2004年）、《天府永藏》（紫禁城出版社2008年；艺术家出版社【台北】2009年）、《紫禁内外》（紫禁城出版社2008年）、《故宫与故宫学》（紫禁城出版社2009年；远流出版公司【台北】2009年）等。

大家好！今年（2010）是抗日战争胜利 65 周年，也是故宫博物院成立 85 周年。在整个抗战期间，以故宫博物院院藏为主的一批重要国宝，在南方、西南，很多人为了它的安全作出了努力，作出了贡献，有的甚至献出了生命。这同样是抗日战争史的一个组成部分，但我们过去对这部分研究是不够的。

　　今天，我想从四个方面来给大家介绍：一个是故宫文物南迁及其争论；第二个是故宫南迁文物保护是抗日战争的有机组成部分；第三部分谈故宫文物南迁的意义；第四个是两个故宫博物院与共同重走文物南迁路线。

一、故宫文物南迁及其争论

　　在介绍故宫文物南迁的时候，我想把故宫博物院的情况、价值向大家作一简单介绍。其实大家都了解，我主要是为后边说明大家为什么这么重视，对文物南迁有那么多争议做一铺垫。也正是因为它的藏品有不寻常的地方。我从三个方面来说：

　　（一）作为古建筑的故宫。我们一年有 1100 多万的游客，2010 年到 10 月底已经达到 1140 万。其实好多人进来是看皇宫的，确实在现在世界上所有的国家，包括君主立宪的那些正在使用的皇宫里面，我们这个皇宫是建筑面积最大、规模最大，也是保存最完整的，它是世界文化遗产。

中国的古代建筑，在世界上最有影响、最能代表中国古建筑成就的，大家公认是宫殿建筑。从夏商周的夏朝晚期二里头宫殿遗址里边，通过对遗址的考古、发掘，在考古学上印证了我们现在说的"前朝后寝"，那个时候它的宫殿已经是"前堂后室"。到商代、周代，宫殿也有一个发展的过程。故宫的宫殿，是中国历代宫殿建筑的集大成。宫殿里边，历朝各代的一些长处，形成的一些制度性的规制都继承下来了，而且它是唯一的。现在还有沈阳故宫，沈阳故宫是清人入关之前修的一个宫殿。作为北京故宫世界遗产的扩展项目，沈阳故宫也列入世界遗产了。故宫在建筑技术或艺术上，代表了中国古代官式建筑的最高水平。作为古建筑，大家看到的是，故宫看起来很雄伟，很壮丽。其实在它的上面，用建筑语言体现、承载了中华传统文化的很多内涵。它的建设、规制、规划，是以皇权至上，体现皇权的这一个指导思想来设计、规划并修建的。传统的阴阳五行观念，都在故宫的古建筑里边得到了充分的体现。

（二）故宫的宫廷收藏。因为南迁主要是故宫文物的迁移。中国历朝各代皇家都有收藏文物的传统。我们现在叫文物，过去叫古物、珍宝。宋代时候的收藏已很有影响了，到乾隆年间达到极盛。我在这儿想强调的一点就是，皇室宫廷收藏的都应该是好的艺术品。因为中国古代是专制制度，天下都是皇帝的，所以他完全可以把当时最好的艺术品——包括它的材料、技术都是最高体现的——收藏进来。

在西方，包括一些研究北京故宫、研究台北故宫的人有一个观点，即皇家的收藏是和政权的正当性、合法性联系在一起的。所以后起的王朝夺取天下以后，必定要接收前朝的收藏，统治者自称受命于天，现在天命已改，表明权力已经转移了。前朝气数已完，这些东西理所当然要转到后来的王朝手中。美国华盛顿大学有一位教授，中文名字叫沈大伟。在《参考消息》上经常看到他的一些议论，他是一位汉学家，研究中国问题。他和他的姑妈写了一本书，叫《中国皇室收藏传奇》。写紫禁城，写故宫的收藏；也写了历史上，主要是明清特别是清代的收藏。他的一个重要观点就是故宫的收藏、皇家的收藏是和这个王朝的政权联系在一起的。他还有一个重要观点，说蒋介石当时为什么要带走这批东西，他认为这是为了体现政权的延续性。为什么台湾对故宫这么重视？他认为国民党要由此体现它的正统性，他从这个角度来看待。后来我看了一些台湾学者的研究文章，发现这个观点不是个别的，是很有代表性的一个观点。所以我在这儿谈到宫廷收藏，它不仅是珍宝，同时有政治的含义，是和政权联系在一起的。

清宫的收藏到乾隆年间达到极盛，大家知道在书画方面编有《石渠宝笈》《秘殿珠林》。它不仅收藏好多方面的藏品，而且把这些藏品整理出目录，包括铜器等各方面收藏都达到极盛。后来随着国力的衰弱，包括战乱，也损失了好多文物。但总的来说，收藏仍然是相当丰富的。

故宫博物院成立之前，有个清室善后委员会，清点清宫物品。在1920年代和30年代初期，故宫的清点报告总共出了28本。故宫的藏品包含了中国古代文化艺术的所有门类。现在出土的，包括公办的博物馆，私人民间的书画、青铜器等，这几年出土的一些重器也很有影响。但是古代的书画，主要在北京故宫博物院和台北故宫博物院这两个地方。北京故宫光书画就有15万件，台北故宫有1万件，而且牵涉到各个方面。而且收藏的不仅是明清的东西，它是整个中华民族五千年文化遗产的汇聚，也显示了中华民族五千年的文明,是一条绵延不断的历史长河。

（三）故宫博物院的成立。故宫博物院成立于 1925 年 10 月 10 日。这个日子大家都很熟悉,10 月 10 日是中华民国的国庆日,在"国庆"这一天成立也是刻意选择的。因为故宫博物院成立,在当时是一个进步的事业。当时的北洋政府段祺瑞在临时执政,他并不支持,而且是阻挠和反对的,包括清宫,清朝的一些遗老,包括溥仪这些人,他们一直在反对。所以吴瀛先生,就是吴祖光先生的父亲,写了一本书,在 1930 年代出版,叫《故宫博物院创办五周年记》。他写了这 5 年里边筹备的过程,斗争很激烈,一些人反对、阻挠博物院成立。我们说辛亥革命不彻底,那肯定是不彻底。清朝已经完结了,最后一个皇帝已经被废,已经不是皇帝了,但他在故宫的后寝仍然待了 13 年,所以故宫博物院的成立,把溥仪赶出去,这也是民主革命的胜利。另外,它也是我国文化艺术史上的一个伟大业绩,由皇宫变为一个博物院。过去皇帝私人的财产,现在变成公民的,大家都可以观看、欣赏,成了公共的文化财产,这个意义是相当大的。

故宫博物院 1925 年成立后遇到很多波折,因为 1926 年"三一八惨案"以后,段祺瑞说故宫博物院的两个领导李煜瀛和易培基是共产党,要通缉这两个人,他们就躲藏起来了。故宫没有领导,很艰难地维持了两年。1928 年,南京政府"二次北伐",接管了北京,以后就改称"北平"了,也接管了故宫博物院。这一段到 1933 年文物南迁以前,对于故宫博物院来说是一个很好的发展时期。这一段时间故宫博物院的地位很高,因为它是在特殊时期成立的,它高到什么程度?它和"五院"——行政院、监察院、考试院、立法院、司法院——是一个级别。1933 年以后,它就变成行政院领导下的部一级的机构了。现在台北的故宫博物院也是他们所谓的"行政院"

底下的机构,所谓"部会"一级,台北故宫的院长也是他们所谓的"内阁"的成员。

作为皇宫的古建筑,故宫的古建筑不简单是一个壳,它和文物——文物也不简单是物——共同地和491年里明清两代在这里边居住、执政的24个皇帝,这些文物和建筑物,和中国历史上最重要的权力中枢联系在一起,重要性是可想而知的。而且故宫博物院又是这么一个有影响的文化机构。

1931年,日本策动"九一八事变"并占领东北三省以后,社会各界对故宫博物院文物的安全十分关注。理事会看到局势比较紧张,从日本人对东北三省的侵略、占领,已经预示着我们和日本人的斗争肯定是个长期的过程,好多人都有这个心理准备的。所以决定选择一批文物精品运到安全的地方。开始时这个安全的地方并不明确,也考虑了北平的东交民巷,天津的租界,后来决定运到上海的租界,也办了租用的手续。

在这个过程中,故宫博物院做准备工作,选文物,准备装箱。这个消息一见报,马上出现了两种声音。一种是支持的。有个人叫多齐云,他给故宫博物院发一个函,说"夫故宫博物院,古物陈列所。所藏古物,咸为希世之珍。为本国之文化计,为世界文化计,均宜早为之所,妥为保存,纵不能一举迁避,亦宜先后施行……深愿贵会(这里指的是理事会),诸公刚果毅断,一洒因循敷衍之积弊,速行有效之处置;古物得免于难,文化不再遭劫,则中华文化幸甚,世界文化幸甚!为功为罪,自取之耳"。这是他代表的很强烈的一种呼声。

同时,反对南迁的声音也很多,大致有这么几个原因。一个说敌人还没有来,日本人还没有打到北平,就把古物先运走,这说明政府没有打的准备。这样一弄,会人心惶惶,社会也不安定;第二种意见,认为北平的古物很多,为什么光运故宫博物院的文物。因为可能这文物是古物，古物值钱，以后政府能拿来卖钱。这也是一种反对的理由。说你光看重古物的经济价值，不顾整个国家大计，这是批评的第二种。第三种，现在日本人打来，气焰很嚣张。什么地方是安全的地方，它保管的条件和北平故宫比起来，有没有能力保护好文物。比如当时说这一批文物要运到河南开封、郑州去，运到洛阳去。有人就提出这个反对意见。还有一种反对的意见，说故宫的文物和故宫的宫殿，和其他环境是一个整体，如果单独把文物运出去，文物没有这个环境，价值就受到影响，他也是反对的。还有一个反对的是北平市的市民，北平市有好多自治组织感到这批文物如果离开了北平，北平是一个文化古城，那么文化古城就成了一个空的，所以坚决反对。

这个争论，我们今天来看，反对的也不能说没有道理。大家从各自不同的角度出发，来提出不同的意见，这都是有道理的。其实争论最主要的，就是如何看待故宫的文物。当然最后政府还是同意故宫博物院理事会的决定，多数民众也都感到应该运到偏僻的地方。因为这些古物不是简单的古物了，也不是一般的文物，它和中华民族的历史文化联系在一起，是我们的一个文化命脉。我想更深的还有象征意义，也寄托着我们民族的感情在里边。所以他们认为国土丧失了，我们可以重新夺回来，但是这一批东西如果毁于一旦的话，我们五千年的历史、祖先的创造、先民智慧的结晶就都丧失了，这就不堪设想了。最后，政府还是决定运。

当时运走的主要是故宫博物院的文物，同时还有内政部所属的北平古物陈列所的文物。现在的故宫博物院当时分两部分，北边的乾清宫，后三宫是故宫博物院；前边三大殿，是民国政府从 1914 年开始成立的古物陈列所。这批文物是从沈阳的故宫和承德避暑山庄来的 20 来万件文物，也属于宫廷文物。这批南迁文物大致有 10 万件。古物所南迁的文物，到 1948 年的时候，国民政府决定把这批文物全部拨交中央博物院筹备处。中央博物院筹备处就在现在南京博物院的位置。在文物运台的时候，在古物陈列所的这一批里边，就是中央博物院筹备处的文物，也运了不到 1 万件。如果各位到台北故宫博物院去，他们可能会强调介绍说，我这儿不光是故宫博物院，还有中央博物院筹备处的文物。中央博物院筹备处的文物，大部分来自古物陈列所。带走了少数，多数还留在南京博物院，留在北平的只有近 10 万件，划归到北平故宫博物院了。还有颐和园、国子监的文物。国子监的十面石鼓，战国秦国的石鼓，就是那个时候离开国子监的。当时总共迁移了 19000 多箱文物。

我再给大家介绍文物南迁这个概念。现在来说南迁是一个大概念，就是从 1933 年离开北平以后一直到抗战胜利结束，都叫南迁。其实故宫博物院的人，把它分两个部分，一个叫南迁，一个叫西迁。当时南迁只是一个笼统的概念，就是运到南方去。

开始是运到上海，文物运到上海以后，1936 年底南京的库房修好了。1936 年底到 1937 年初，存放在上海的故宫博物院文物陆续运到南京。但是时间不长，1937 年日本人发动了"卢沟桥事变"，又在上海发动"八一三事变"，中日战争全面爆发，南京情势日趋紧张。根据行政院的命令，刚刚存放在南京库房的南迁文物，又分三路避敌西迁。当时的国民政府已经从南京撤到重庆了，重庆作为陪都。政府首都都迁移了，所以文物也跟着迁移。它在南京库房放的时间并不长，再迁向西边，主要是西南、西北，向大后方来迁移。

后来的人根据时间、方位先后把西迁分成三路。

一个叫西迁的南路。这批文物总数很少，只有 80 箱。这是一批什么文物？1935 年,故宫博物院的文物参加了在英国伦敦皇家艺术学院举办过的中国文物展览,运去 700 多件文物。当时挑的标准,一个是最好的不能拿去。主要是害怕安全问题,因此孤品不能去;另外一个就是不上档次的不能去。去的肯定是好的,但又不是唯一的。总的来说,这 80 箱文物很珍贵,在抗战时期一直受到特殊保护。这 80 箱文物先在南京通过轮船运到汉口,到汉口以后又用火车运到长沙,在湖南大学图书馆的底层,放了近 5 个月。后来日本人从江苏西侵,两湖受到威胁,奉行政院的命令,又绕道桂林前往贵阳。这批文物从 1938 年 1 月起,分两批迁入贵阳,租用了一处民房。到 1939 年 1 月,一年后再迁到安顺的华严洞。1944 年秋抗战快胜利的时候,担心安顺受到威胁,又迁到四川的巴县。

再一个是中路。中路的文物是最多的,9000 多箱。中路是由南京用船运到汉口,然后从汉口用船又运到宜昌,再由宜昌转移到重庆,在重庆放了好长时间。重庆,一个是雾大、雨多,不利于文物特别是字画、书籍的保护;另外一个是日本人轰炸重庆,当时轰炸死伤的平民也是相当多的,所以就感到文物不能在重庆再放了。文物又继续通过水路,运到乐山。当时叫乐山县,现在是乐山市。乐山有个乡叫安谷乡,安谷乡主要选了六家的祠堂来放,还有一个佛寺,负责人叫欧阳道达。

另外一批是北路。北路没有经过水路,是从南京的下关码头,由火车轮渡到浦口的火车站,沿津浦路北上,又经徐州转陇海线,到达陕西的宝鸡。开始在宝鸡关帝庙、城隍庙存放。当时奉命要长期存放。关帝庙、城隍庙的条件不好,就在山上打洞,洞还没打成,又接到命令,说要运到汉中及褒城。这批文物要运到褒城的难度很大。当时是 1938 年的 2

134

月,正是冰天雪地的时候,关键是要翻秦岭,而且当时规定的是中途不能停车,当天就要从宝鸡运到汉中,所以难度是很大的。运了300多车次才运完,分存于汉中文庙及褒城县一个祠堂里边。这个时候李济先生等好多人都来考察保护的状况。后来因为汉中也遭日寇袭击,文物又转到成都了。在成都放了一段时间,又奉行政院命令转向四川峨眉。最后全部运到峨眉,在峨眉停放了7年多。在峨眉也有过险情,就是峨眉城离库房很近的地方突然发生了一场大火灾,幸好文物库和发生火灾的房子没有连着,这也是很幸运的一件事。

到抗战胜利前,文物分存三个地方。一个是峨眉,一个是乐山,一个是重庆的巴县,就是从贵州安顺的华严洞迁来的80箱,乐山的最多,9300多箱,峨眉7000多箱。抗战胜利前,这些文物先运回到重庆,集中后再从重庆运回南京。一部分文物在1948年底1949年初,运到台湾去了,这个后边会说的。1950年第一批文物运回北京,这是郑振铎先生专门到南京去接的。首先运回了1500箱,就在故宫博物院举办了"还京文物特展"。到1953年又运回了一批,1958年又运回了绝大部分。现在仍然有2000箱10万件文物还在南京的朝天宫库房存放,最终也会运回来的。

二、故宫南迁文物保护是抗日战争的有机组成部分

我们回顾整个抗战时期,故宫文物南迁,具体的筹划、组织、协调是故宫院长马衡等领导人所承担,押运及具体管理是故宫同仁。但是仅凭故宫上下,要完成如此旷日持久、组织缜密、复杂多变的迁徙行动,显然无法实现。离开了应有的支持和帮助,甚至寸步难行。抗日战争是全民抗战,作为抗日战争组成部分的故宫文物南迁,同样体现了全民抗战的

特点。在整个南迁、西迁中,有三个方面起了重要的作用:一个是得到国民政府以及有关省市军政领导和铁道、公路等有关部门的支持;第二个是在文物迁移途中与存放地,都有军人押送和守护,起了安全保障作用;第三个是得到文物存藏地民众的大力支持。这个过程,是全民抗战的一个体现,也是文化抗战的一个体现。

另外还有很重要的一个,是故宫典守精神的培育。好多人都说故宫人比较保守、死板,其实这是一种长期形成的定式。1933年文物南迁,到1950年文物才运回北京故宫,这是漫长的过程。其实从1925年故宫博物院成立一直到1948年底部分文物运台,两岸故宫曾有24年共同的院史,这是大家共同的一段历史。特别是在文物南迁的过程中,形成了很多传统。特别重要的一点就是"视文物为生命",我们保护的是国宝,国宝是和民族、民族的文化传承联系在一起的,所以大家都有一种神圣感、使命感、责任感。

在这个过程中,关于文物做了几件大的事。

一个就是因为文物开始南迁的时候是在北平故宫去选,选了以后没有造册。文物运走以后,我们的第一任院长易培基先生就因为"盗宝案",最后要打官司而辞职。官司没有打,1937年易院长就去世了。有人说他盗偷故宫的文物,这在国际上也有一定影响,现在看这是一件冤假错案。马衡当了院长以后,提出文物一定要清点清楚。所以在上海这几年,整个文物清理了一遍。"沪上寓公",就是按不同的分类,马衡先生给起的分类的名称。当时文物清点造册,油印了若干部。这个也是现在研究故宫文物藏品的一个重要资料。

另外,在整个抗战期间,故宫博物院在南迁、西迁过程中,办了多次展览。一个是到英国伦敦参加中国艺术国际展览会。对办展览也有争论,好多人反对。因为也选了很多好的,说运输中飞机出事掉下来怎么办?最后让英国答应用军舰运输,把文物运走。最后这批文物是从上海用军舰运去又运回来的。1940年应苏联邀请,又到当时的列宁格勒去办过展览。之后苏联和德国打起来,好不容易把这批文物又运回来了。

故宫博物院同仁在贵阳、成都也办过一些展览,而且他们办展览特别认真。我给大家举个例子。1943年12月,在抗战胜利前夕,存藏在大西南后方的故宫文物也准备迁返。马衡院长为了答谢西南父老协助运输、保卫之劳,特呈行政院在重庆两路口中央图书馆内举办一次告别展览会。展览于1943年12月24日预展,1944年1月16日闭幕,共有展品196件,是从存放在安顺的华严洞80箱精品中挑选的。这时候就是从贵州安顺把这批文物,由庄严押队带到重庆来展出的。展览分两期展出,每期分楼上、楼下三个陈列室,卷、册、轴同陈一室,每个陈列室各个时代的书画都有。展品依标签号数为序。陈列的书画,每5日更换一次,观众络绎不绝,还印了一些宣传册,对观众进行发放,还有目录、观众须知。参观须知有七条,其中第七条是:"如有空袭消息请来宾退出。"因为怕遇到日本人的轰炸,是对大家的一个提醒,也是战时状态下的一个记录。

三、故宫文物南迁的意义

其实第二次世界大战,不光是我们中国,欧洲一些国家为了防止德国的侵略和洗劫,他们对自己博物馆的藏品也进行了和我们一样的迁移,也是选择安全、偏僻的地方。像卢浮宫,法国的一些博物馆的藏品,就在卢瓦河谷的一些古堡里面存起来;大英博物馆也运到比较偏僻的地方保存;苏联和德国交战以后,把艾尔米塔什博物馆(即冬宫)的140万件文物,用火车从铁路运到西伯利亚去了。最后剩下的部分,一是因为没有包装物,二是因为德国人把铁路给炸断了,不能运了,所以再没有运。大家都迁,包括美国。在当时的条件下,大家都采取这个办法。但是比较起来,我们是更为艰巨的。所以故宫文物南迁的意义,我想和欧美国家的比较来认识,从以下五个方面来说。

第一,在时间上,我们动手早,持续时间长。美国、苏联是在1941年受到德军、日军攻击后,才着手文物档案等的安全转移;而随着欧洲战场的结束,保卫文物的任务也告结束。故宫文物动迁的准备,在1931年日本发动"九一八事变"后就着手进行。这五批文物于1933年2月至5月运离北平,存储于上海、南京和南京分院,一直到1937年"七七事变"以后。1937年"七七事变"成为世界反法西斯战争在东方的爆发地,中国的全民族抗战开辟了世界第一个大规模的反法西斯战场。南京分院文物又分三路疏散到西南川黔诸省。1945年9月2日,日本正式签署投降书,宣告了世界反法西斯战争的最后胜利。日本人的投降,才算二战最后的彻底的结束了。文物之后又集中到重庆,再回到南京,一部分文物又运到台湾,以后就是1950年代初运回北京。持续时间如此之长,其他哪个国家都没法比的。

第二,在空间上,文物多次转迁,涉及区域广。欧洲各国面积都比较小,文物藏品一般离首都不远,且存放地比较集中。中国幅员辽阔,故宫文物穿越南北,横跨东西,播迁不断。文物迁徙期间,曾先后储存过的省市有上海、江苏、湖南、贵州、陕西、四川、重庆,曾迁运经过的省市有当时的河北、湖北、山东、江西、安徽、广西、河南等。运输文物的事宜涉及海运,比如到英国展览;空运,比如到苏联去是用苏联的飞机。这个过程也是世界各国没法比的。

第三,保护任务上,数量众多。欧洲各国的文物转移,其文物数量与保护难度,都与故宫文物南迁不可同日而语。故宫南迁文物为挑选的院藏精品,因门类众多,形体不一,包装、运输难度都很大。故宫南迁文物共 13427 箱又 64 包,此外,还附运了古物陈列所、颐和园、国子监的文物珍品 6065 箱又 8 包 8 件,合计达 19492 箱 72 包 8 件。西迁时,三路文物都是多次转迁,不断装卸。前边还没有安顿好,又下命令说要转到一个新的地方。加上气候、道路及交通工具的影响和限制,当时是战时,更是险阻重重。凭着故宫同仁的努力与各有关方面的支持,终于克服了各种困难,完成了文物保护的任务。

第四,保护力量上,投入巨大。故宫南迁文物数量大,历时长久,又多次转迁,需要大量的财力、人力和物力。文物的运输、保卫、保管等工作以及管理人员的开支,都需要资金,政府给予了支持。现在尚无法准确统计整个南迁期间所花费用。从所存藏档案看,投入是不少的。如 1933 年 2 月到 5 月,铁道部奉行政院令"以半价计",5 批故宫文物铁路运费共计 473210.85 元,还不包括其他附带的古物陈列所的运费;租用上海库房每月支付的租金是 5244.76 元,南京朝天宫的保存库工程款及办公用费共计 49723.32 元,这只是截止 1937 年度。1937 年 11 月存于南京库房文物的第二、三批西迁,故宫原无预算,则由管理中英庚款董事会资助,解了燃眉之急。

在人力方面,则有军民力量的大量投入。在文物的整个迁运以及存放过程中,都有一定的军警力量予以保护,各存放地政府和民众为文物提供场所,给予大力支持,有些民众还参与了文物的维护管理。这些投入都是欧洲文物迁移保存所无法比拟的。

另外一个很重要的,西方那么多大的博物馆,藏品虽然都号称很丰富,是世界各国的文物,但这多是他们在18、19世纪特定的历史条件下,以掠夺等各种方式,从其他国家收集而来的。这些文物藏品与他们国家的历史文化,一般来说没有多大联系。但是故宫的文物,最大特点是它们是中华民族创造的,是民族智慧和创造力的体现。所以这些文物,是我们的先民创造的。而且世界上的文明古国,他们的文明都不复存在,像埃及、印度,后人都不知道他们的先人还有这么一些东西。中华民族不仅有光辉灿烂的历史文明,而且我们的后人还在前人创造历史文明的这块土地上,继续创造着新的生活。我想也正因为这个原因,所以我们对这一批文物特别重视,也可以见到中国人民对其竭尽全力保护的特殊意义。

还有一个,如果我们把视野放开一点,从整个抗战时期来看,对故宫文物南迁、西迁,可能会有一些新的认识和理解。

比如说在整个抗日战争期间,西迁是一个大的概念。首先是一些工业企业的西迁,就是沿海地区东部城市,包括上海、南京这些沿海城市的工业企业大量地迁到内地。当时政府也给予资助,比如说一个企业迁过去,给你奖励多少,补助多少钱。而且这个迁移为我们抗战胜利,创造物质基础起了重要的作用。另外一个是文化教育机构的西迁。大家都知道,让人津津乐道的昆明的西南联合大学,是由北京大学、清华大学和私立的南开大学,三个学校在昆明成立西南联大。还有西北联大,是北平的几所大学的联合,先在陕西的西安,后又迁到汉中,成立了西北联合大学。这是大学,还有一些文化机构也是如此。像云南的昆明,广西的桂林,包括重庆,都是抗战的文化中心,都是很有名的。从整个抗战西迁的大背景来看文物的西迁,就感觉到它很有意义。抗战时的这些机构都有互动,都互相有联系,这对当地文化事业发展具有长远的重要意义。

对抗战时期中华文物的保护来说,文物南迁现在看来确实是必要的。在这个过程中,对文物保护重要意义的不断认识,也在不断强化我们民族的凝聚力。抗战是中华民族走向振兴的伟大转折,促进了中华民族的觉醒,极大地改变了中华民族的精神面貌。故宫文物是源远流长且从未中断的中华文明的载体与见证,是中华民族重要的文化根脉。故宫文物的保护过程,对于抗战精神的形成、民族认同感的增强起到了积极的作用。同样的,伟大壮烈的抗日战争也为这些珍贵的皇家收藏赋予了不同寻常的意义。

四、两个故宫博物院与共同重走文物南迁路线

故宫文物南迁的重要影响有多方面,其中一个就是产生了两个故宫博物院。1948 年底和 1949 年初,故宫南迁的文物里边分三批运到了台湾,大约有 2900 箱,占故宫南迁文物总数约四分之一。

文物开始决定要运到台湾的时候,主要是跟东北的局势有关。辽沈战役以后,国民党就有撤离大陆、逃离大陆的准备。在这种情况下,故宫博物院理事会在当时行政院院长翁文灏的官邸开会决定运 100 箱故宫文物到台湾去。英国展览有 80 箱,再凑 20 箱,100 箱运走。会议结束以后,他们私底下又在商议,决定将这 13000 箱文物,全部运到台湾去。但实际上只运了三次,有几个原因,一个主要原因是战争形势的剧变,已经不可能再运了。第三批装了 1700 箱,但因为是个运输舰,舱位有限,当时只运了 900 来箱,剩下的又搬回到仓库里边去了。还有,当时翁文灏在官邸开会的时候,已经给

141

国民政府递交了辞呈。因为"金圆券"改革是他主持的,"金圆券"改革失败了,整个国内的经济混乱,物价涨得不得了。他为这个后果负责,要求辞职。过了10多天,准许了他的辞呈,他就辞职了。在开会的时候,他已经把辞呈送上去了。此后时间不长,在1949年的1月份,蒋介石也下野了,李宗仁当了代总统,就下命令停止再运了。

台湾这一批东西运去以后,长期存放在台中县的雾峰乡北沟这个地方。当时经常处于备战状况,也是害怕打仗,所以放在偏僻的地方。但是这么多年,从1949年到1965年这一段时间,他们做了一个很重要的工作,就是文物的清理、清点。在美国亚洲学会的帮助下,他们编印了像《故宫书画录》《故宫藏瓷》《故宫铜器图录》等很多印刷品。1961年到美国五大城市巡回展览,引起很大轰动。1965年台湾在外双溪成立了"故宫博物院",也是仿照了中国传统宫殿建筑的样式,它的第一任院长叫蒋复璁,当过"中央图书馆"的馆长。第二任院长叫秦孝仪。第三任叫杜正胜。之后就是石守谦,石守谦下来是林曼丽。从马英九上台以后,现在台北故宫的院长叫周功鑫。

对台北故宫博物院,总体我认为它在博物馆的建设上、在为公众服务上、在认真办展览上、在文化产品的开发上,都是很认真的,工作也是卓有成效的。而且在台湾社会有很高的威望,在国际上有相当的影响。台北故宫对台湾社会文化素养的提升,起了积极的导向作用。特别是文化产品的开发,他们是做得很突出的。去年两岸故宫迈开了大家认为的"破冰之旅",两岸故宫的院长互访。两岸故宫原来定的协议是每年常务副院长要见面,要商谈。现在两岸是通过网络视频连线来联系。总之,两岸故宫的合作、交流是比较实在的。我们做的工作都很具体,比如他们派一个人来,在我们这儿待 3 个月、半年,然后我的人也对等的到他那儿,当然这提前都有题目、课题,多方面的交流应该是这个模式。现在两岸故宫的交流正在加强。台北故宫在台湾的地位比较高,他对北京故宫的看法、认识,对大陆文化界的认识,在某种程度上是被看成标志性的。

我写过 4 本关于故宫的书,有两本在台湾出了繁体字版,一本叫《天府永藏》,写两岸故宫文物藏品的比较,20 多万字,另外还有一本《故宫与故宫学》,对故宫学的提法,台北故宫也是抱以支持、肯定的态度。

今天的演讲就到这里,谢谢大家!

（讲座时间:2010 年 11 月）

杜迺松

简论青铜器铭文几个问题

杜廼松，1937年生，北京市人。1962年北京大学历史系考古专业毕业，供职北京故宫博物院至今。著名学者，主要从事青铜器、古文字、商周秦汉考古学术理论研究。青铜器与金文鉴定大家，被海内外媒体称为"青铜器鉴定第一人"。1992年获"国家级突出贡献专家"称号，发表大量学术论文，多有获奖，有的被收进《世界学术文库》。独著与合著三十余种，其中《吉金文字与青铜文化论集》等著作获最佳论集奖，获国家图书奖、辞书奖、最佳考古图书奖。为北京大学、清华大学等多所高校、全国文物考古培训班和科研机构等讲授青铜器与金文的理论和鉴定，培养研究生，桃李满天下。参加20世纪90年代全国文物鉴定系统工程，负责青铜器与金文鉴定，取得了很大成果。曾赴美、法、日、意和中国香港、台湾等国家和地区进行文化、学术交流，受海内外电视和报刊媒体采访，如中央电视台《东方之子》《大家》，香港卫视中文台《世纪大讲堂》等栏目。现任北京故宫博物院研究员、学术委员会委员，多所大学兼职教授，中国保利艺术博物馆、中国收藏家协会顾问，中央文史研究馆馆员，文津讲坛特聘教授、国家文物鉴定委员。

今天我们要讲的是关于青铜器铭文的几个问题，我想对于青铜器、青铜器铭文，古往今来的研究者、爱好者都比较重视，所以近年来也取得了很大的成果。首先，原来说关于"什么是青铜时代"有很多的模糊的概念，由于各个方面材料的出土、研究，现在我们比较明确了，"青铜时代"就是从夏代开始，夏、商、西周、春秋时期，基本的概念、理论已经基本形成了，这是我要说的第一点收获。第二点收获，由于近年来不断地出土青铜器和重要的铭文，而且有些铜器和铭文里面的内容都是古代的一个家族的文物，铭文的内容都联系到世代的人名，甚至于哪一个王世的，都在这个铭文的内容里写出来了，为我们建立一个完整的青铜器和铭文发展演变的体系提供了重要的资料，甚至于从商周至东周，一直到秦汉、三国、魏晋南北朝、隋唐，再到元、明、清，全都建立了一个庞大的理论体系，这个跟青铜器和铭文的不断发现有很大的关系。第三点，因为青铜器铭文比较复杂，由于青铜器铭文的大量发现，古文字的研究、考释也取得了很大的成果，对研究古史也起到了推进作用，即考证铭文研究古史。第四点，研究青铜器铭文或者青铜器本身的造型装饰，从美学角度也取得了很大成果，过去前人在这方面比较忽略，今天取得了很大的成绩。

就青铜器铭文，今天我主要谈三个大问题。

我们说人类社会和历史的发展，如果你要是从科学技术的角度来考察、来观察，自古至今可以说是不断地发展前进，有的时候甚至于还有一种突飞猛进的发展，大的发展有发明，对整个的历史发展进程全都有影响。从大量的考古资料还有文献资料来看，中华民族很早以前就开始了早期文明，早期文明就是从野蛮社会进入文明时代这样一个概念，中华民族早期文明的开始是和青铜冶铸业的发明、青铜器的铸造紧密联系在一起的。中华民族在早期文明里，也就是在青铜时代、青铜文明这个阶段里，有着相当发达的农业、手工业和文字，还出现了河南偃师县、郑州商城早期的城邑城址，这都属于早期文明。早期文明中青铜器铭文有着重要的特殊的价值，所以它受到了古人今人的重视。

　　下面我们就讲第一个题目——青铜器铭文的科学理念。商周青铜器上有铸或者是刻的文字，我们今天一般来管它叫青铜器铭文，也称作金文、钟鼎文。因为古人管青铜器叫吉金，这个金就是铜，所以后人就管这个铭文叫金文；因为青铜器以钟和鼎作为主要的器类，所以一般这上面的文字叫钟鼎文。那么古人为什么要在铜器上铸或刻字呢？这跟商周时代的礼乐制度是紧密相联的。所谓礼乐制度就是在贵族社会、贵族国家要明上下、别等列、分等级，人与人是不平等的，《春秋左传》说："名位不同，礼亦异数"，身份地位不一样，采用的礼乐也不一样，要划分等级。比如说使用青铜器，那只能够大大小小的贵族来使用，一般的平民百姓就不允许来使用这种青铜器了。允许做什么器物、做多少件，也都是有规定的。在一些先秦的古文献里，如《墨子》《礼记》《吕氏春秋》等对于贵族为什么要在铜器上铸或刻字，有些零星的记载，比如说《墨子·非命》有记，贵族要是有了大事，就把这个事情记载在器物上，"镂之金石，琢之盘盂，传遗后世子孙"，"琢之盘盂"的"盘盂"就是青铜盘、青铜盂，这都是器物的名

148

称,就在上头雕琢字、刻字、铸字。《礼记·祭统》也提到,"夫鼎有铭",鼎上有铭文,"铭者自名也,自名以称扬其先祖之美",就是颂扬他的祖先的美德,"明著之后世者也",就是让后代人都知道,所以就是在青铜器上常铸有铭文。现在看来,通过几千年的历史,当时的人把这些大大小小的事情都记录下来,对于历史发展的研究起到了很重要的作用。主要就是从春秋时期开始,从历史文献上来看,不断有人利用青铜器铭文来研究历史。举几个例子,孔丘要著书立说,他让他的弟子搜集"百二十国宝书",这个"宝书"就是铜器铭文,最后他得到120个国家的铜器铭文,于是开始著书立说,所以从孔夫子起就开始重视铭文了。到了两汉的时候又前进一步,东汉许慎著的《说文解字》共15篇,古字就达到了9353个,他在序言中说:"郡国往往于山川得鼎彝。"到了宋代,对青铜器铭文更加重视,宋代薛尚功把青铜器铭文集中到一起,编成《历代钟鼎彝器款识法帖》,是流传下来的第一部法帖。清代阮元也著了一部书叫《积古斋钟鼎彝器款识》。到了近现代,研究的专著就不单是资料性的了,越来越深化,比如有郭沫若先生的《两周金文辞大系》,对一篇篇铭文进行考证、研究,给予断代。

另外,青铜器铭文还可以证经补史,印证、补充古代历史,有时候甚至于可以根据实物资料纠正古代历史。举一两个例子,1976年在陕西临潼发现一件青铜簋,簋的内底有4行32个铭文,其中有"征商唯甲子朝"等内容,铭文反映了周武王伐商纣王、打败商朝的事情。而古文献《尚书·牧誓》也有记载甲子这一天周武王伐商,可以说铭文印证了古书记载的正确性。另外再举一个例子,1978年陕西宝鸡出土了五件编钟、三件镈钟,经过分析五件编钟里有两件钟的铭文是连续的,成为一组,另外三件钟也是一组,但是还不完善,应

149

该有第四件钟，但发掘的时候没有发现。三件镈钟都有铭
文，每一件镈钟的铭文内容都是 135 个字，和两件一组的编钟
的铭文内容都一致，我们就管它叫"秦公镈"。秦公镈有铭
文："秦公曰：我先祖受天命，赏宅受国。烈烈昭文公、静公、
宪公不坠于上"。这里面提到的"文公、静公"和司马迁的《史
记·秦本纪》和《史记·十二诸侯年表》所记的两个公的名字
不一样，《秦本纪》把"静公"说成了"竫公"，铭文记载的"宪
公"，《秦本纪》写的是"宁公"，区别很大，诸侯名的名字都不
一样，而《史记·秦始皇本纪》里则和秦公镈铭文完全一样，
也是"静公"、"宪公"，而不是"竫公"、"宁公"，所以出土文物
的记载和《秦始皇本纪》是一致的，说明《秦始皇本纪》记载的
"静公"、"宪公"是正确的，而《史记·秦本纪》《史记·十二
诸侯年表》记载的"竫公"、"宁公"是错误的，因为地下发掘出
的东西，不可能后人刻几个假字，跟《秦始皇本纪》弄成一样
的，所以它纠正了有的文献记载的错误，印证了有的文献记
载的正确性。这样的例子还有很多，所以铭文的价值是很
高的。

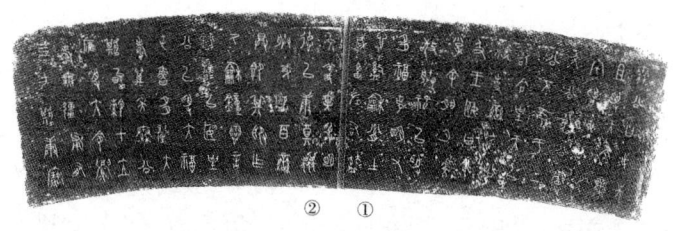

春秋秦公镈铭文

下面我们讲第二个题目——青铜器铭文的形、音、义。
形音义是汉字组成的三个要素，一个字有形、有音、有义，铭
文的字体是大篆，在秦始皇统一文字之前，它叫大篆，也叫籀

文。为什么叫籀文？周宣王时有个史官叫太史籀,作大篆15篇,所以金文叫大篆,也叫籀文。金文和甲骨文是最同时的,应该说是最接近的,原来仅知道商代殷墟出土甲骨,近年在西周的遗址里也都发现了甲骨文,所以它的下限又延续了,利用甲骨来刻字、表述事情的情况,在西周遗址也发现甲文,20世纪70年代在陕西出土过,西周的甲骨文跟小米粒那么小,有时候用肉眼还不行,非得用放大镜之类的东西才能看到。现在知道甲骨文有4000多个单字,认识的大概也就1000多一点,金文单字大约有3500个,认识的也就是2000个左右,所以来了一篇铜器铭文,有些字确实没有见过,必须要深入仔细地学习研究。学习青铜器铭文,必须要掌握青铜器铭文的形,中国的汉字有六书之说——象形、指事、会意、形声、转注、假借,其实转注、假借都是一种用字的方法,前面四种是造字法,比如说象形字从金文上一看就能看出来,指事字就是用两个简单的符号指示一下,会意字就是两个或是三个象形字组成会意,像一个小人跟着一个小人,这就是"从"字,我随从你、我跟着你;一个食器旁边一个小人,在那有点像下跪似的,就像要吃食器里面的东西,就是"即"字;三个木就是树木很多,那就是"森"字。形声字就是一个形符一个声符组成的字,是很进步很发达的汉字发展的一个阶段。"祀","巳"代表声符,"示"就是它的形符;"盂",上面是声符,下面是形符。转注,就是意思相近的字都可以互相代用,比如说"昭"也是"明","明"也是"昭",古代"老"跟"考"都是一个字,就看在金文里这个"考"跟"老"是在哪个位置上。假借字,按照我们现代人的看法(当时古代人不这么想),那就是写的错别字,比如"有"、"又"不分,"有"就是"又","又"也是"有","风"就是"凤","凤"就是"风",就看在铭文中的位置来定。这就是六书笼统的一个理论。

那究竟每一个金文、每一个铭文，这字怎么学？我们举几种规律。首先，要了解金文的部首。比如，铜器铭文上头有的字有水字边，你知道这就是个水，它像一条河流似的；汉字里反文特别多，金文里反文字也多，一看这个反文一竖一横像个手似的，这就是反文，这是部首，这是一种方法。再有就是偏旁，在金文里头偏旁常常可以移动，比如说"福"，左右两边偏旁颠倒过来都是"福"字。偏旁可以左右移动，上下也可以移动；"期"字，金文多从日其声，常写作𣅱或𣄰，表明把"日"字头搁上面也行，把"日"字头搁下面也行，都是"期"字，偏旁可以移动。还有，意思相近的字形符可以通用，比如"稻"，它有两种写法，你写"禾"旁也行，写"米"旁也行，因为都是庄稼，禾、稻、米都是粮食，所以它都可以，形符互相通用；"牢"，在宝盖下写"牛"、"羊"都行，牛羊都是牲畜，所以都可以通用。再有一种就是结构繁简，实际上就是说，现在汉字都简化了，古代则有繁有简，比如"哉"，古代写法是"口"字可要可不要，一个字写法不同，可以有繁有简。

学习金文，还要有古音学和训诂学的知识，古今字有更革、音有转移。古代没有拼音字母，注音有几种方法，一种就是读若法，比如《说文解字》里头就有很多某某读若某某，但要没有同音字就很麻烦，或者同音字很生僻，也不认识，所以读若法有好处，也有不足的地方。后来又有直音法，也跟这差不多。后来常用的是反切法，所谓反切法就是注音某字，用两个字给拼出来，取反切的上字的声母和反切下字的韵母，把上字的声母和下字的韵母拼一块，就是被注音字的读音，宋代的《广韵》《广雅》，甚至《说文》都开始用这种反切法，比如"雍"字，《广韵》里是于容切，y跟ong拼就是yong，基本上就是这么个音吧，也是有些差别的，尤其是按照现在的四声法，那差别就更大一些；比如"练"字，《说文》是郎甸切,拼出来就是练,所以要有一点古音知识。比如有件"毓祖丁卣(yǒu)"的铭文,同时出现在器物的盖上和内底,这叫对铭,有对铭说明它的铭文更重要,这段铭文里有"归福于我多高姒"几个字,"归"就是馈,馈福,赏赐你福,当然这个福不是现在福气的福,古代的福就是祭肉,祭祀时候用的肉食的东西就叫福,"于我多高姒",馈赠祭肉在我的高祖的地方,也就是天子赐给毓祖丁祭肉,后人就给他的祖先毓祖丁做了这么一件铜卣。卣是专门存放香酒的一种器皿,用这种酒可以祭祀祖先神灵,用酒勺子从里头舀酒,然后在祖先的神灵前可以洒,叫灌(裸)祭。再有,我们再举个例子。1973 年在湖北江陵一个古墓里发现越王州勾剑,州勾是谁? 文献里只有朱勾没有州勾,越王勾践的第四代叫朱勾,文献上管他叫朱勾,州跟朱也是音相谐。州、朱,古人用音也很随便,文献上写成是朱,铭文上是州,其实就是这一个人,所以这件越国青铜宝剑对研究越王勾践的世系很有价值。

另外我们还要学习一点训诂学的知识,就是研究金文的字义。有一件铜器叫聑(听)簋,它里面有几个字叫"聑享京丽",这句话怎么解释呢? 这个"聑"在全篇里是人名,他的名字就叫聑,享就是宴飨的飨,一种假借,音同字通。京是北京的京,就是非常大的意思,丽是美丽的丽,要一般直译的话就是很美丽,这是现在的一些想法,但古人也有这个意思就是美好,那"聑享京丽"是什么意思呢? 通过整体的文章来看,聑这个人他宴飨国王的酒食很丰富,丽在这就是非常美丽、非常好、很丰富,所以这句话就是说聑这个人向国王奉献(进献)的酒食很丰满,就是"聑享京丽"。

下面我们讲第三个大问题——铭文的重要内容及其意义。

我们举几个铭文主要的、常见的重要内容。第一个是纪念祖先的。因为铜器很多都是在宗庙里放置，纪念祖先，古人把庙看得很重要。当初商纣王净干坏事，有些古书如《墨子》都提到，就说干坏事这些国君，"遂失宗庙"，宗庙也是权利的一种象征，所以祭祀对古人很重要，"国之大事，在祀与戎"，国家的两样大事，一个是祭祀一个是战争。

西周威簋铭文

有一件铜器叫做威簋，它的铭文有句关于祭祀的话："对扬文母福剌用作文母日庚宝隩簋"，威是一个人名，他是一个武将，他打仗胜利回来以后，上面赏赐给他很多东西，他很高兴，但仍不忘纪念死去的母亲，想要称颂他有文德的母亲的福祉和功勋，他的母亲叫日庚，于是给母亲做了一件宝贵的祭器，也就是这件威簋，这个本身是一个食器，当时一般人是不能做的,他肯定是一员大将,地位相当高了。这是纪念祖先的。

第二个我们讲一讲册命与赏赐。古代上面对下面的任命都是在王宫或者在宗庙里进行,天子或者史官大臣来进行对某一个人某一个事项的任命,册命完成以后,就得给点好处,赏赐物品、土地、山川,甚至还有很多奴隶,在青铜器铭文里这样的内容屡见不鲜。比如宜侯夨(zè)簋,1954 年在江苏丹徒烟墩山墓葬里出土,这个价值相当高,属于国宝级器物。这件器物的铭文就说天子任命夨这个人到宜这个地方当侯——"侯于宜",给他 35 个村落——"宅邑三十又五"、很多条小河——"川",又给他奴隶"千又五十夫",还赏赐给他"庶人"六百多个,庶人,比奴隶地位要高一些。有一个器名叫克罍,跟这同名还有一个叫盉,也是盛酒倒酒的。克罍、克盉,这就是前些年在北京房山琉璃河 1193 号西周大墓里出土的,我们管它叫克罍、克盉,每个器物上都有 43 个铭文,里头有几个关键的字:"命克",克是个人名,就是周王命克这个人"侯于匽","匽"就是燕国的燕,在燕这个地方做侯,这个也进一步补充了古文献,这个克应该就是第一代燕侯召公,召公本身要辅佐周王,他自己不会亲自来的,他的儿子被分到北方的燕地。"命克,侯于燕",而且让克在燕这个地方建立地盘,用今天的话说就是,入燕国的土地,管理这个地方,克很高兴,他就做了这么一件宝贵的祭器。

下面我们讲第三个内容,就是征伐记功。最好的一个例子就是虢季子白盘,也叫虢盘,长方形的大盘子,很深,现在在国家博物馆陈列。虢季子白盘里面有这样几个字:"丕显子白,壮武于戎工,经维四方。搏伐猃狁,于洛之阳。折首五百,执讯五十,是以先行。赐用钺,用政(征)蛮方。"大概意思是,虢季子白是虢季氏,他的名字叫子白,他做了这么件盘子,很自负,说自己是伟大的子白,很会打仗,走遍全国各地。在洛水的北面,征伐少数民族猃狁,斩掉了 500 个敌人的头颅,活捉了 50 个人,胜利后,周王宴请他,赐给他大钺,还让他继续征伐南方。还有一件器物,只留下照片和铭文,实物不知去向,这是件很重要的东西,叫兮甲盘,兮甲就是《诗经·六月》里歌颂的一个大将尹吉甫,他们是同一个人,《诗经》里说兮甲这个人征伐猃狁,很会打仗,这个兮甲盘的铭文的记载跟淮夷也有瓜葛,征伐淮夷、江淮流域,最终胜利,所以铭文的内容是,淮夷是让我打败过的人了,旧有的帛晦人(耕织之人)向我进贡布帛和粮食,如果你不听我西周王朝的话,我们马上就要攻打你。古代的战争就是要抢奴隶、抢物资、抢东西,铭文里还有威胁口吻,你要是不给我东西的话,我马上还要征伐你。

第四点,就是土地买卖交换,这是更重要的一个内容。土地买卖交换,很多牵扯到战争、经济、社会生活。大家知道早期的贵族认为普天之下莫非王土,都是国王一个人的,诸侯大臣都可以使用,但是只能够使用而没有所有权,必须定期缴纳贡赋。文献记载公元前 594 年鲁国出现初税亩,也就是说"普天之下莫非王土"已经慢慢瓦解,那时已经到了春秋时期,不过西周的铜器铭文还要早,到西周中期就开始有这样的内容。这样的例子很多,比如 1975 年发现的一个酒器叫卫盉,也叫裘卫盉,铭文就有这样几句话:"矩伯庶人",它是一个人名,叫矩伯庶人,"取瑾璋于裘卫",他在一个叫裘卫那拿到了一件觐见国王的一个玉璋。周王要举行一个建旂典礼以朝会诸候,让矩伯庶人参加,他不能空手去,就从裘卫那拿到了一个玉璋晋见周王。而这个玉璋值贝币"八十朋",矩伯"其舍田十田",他给了裘卫十田土地互相进行交换,就是用换田的办法来进行交易,当时一田就是一百亩,十田就是一千亩。再比如说，在台北的故宫博物院有个散氏盘，盘子很大，铭文19行356字，内容极其重要，它开头有两句话："用矢撲散邑，迺即散用田"，此处的襆，即撲字，其字义即与兮甲盘铭的"敢不用命，则即刑襆伐"，默钟铭的"戡（撲）伐厥都"的撲，均有讨伐、征伐义。也有学者有另说，可备一说，此不多加介绍。全盘铭大意是，矢国跟散国打仗，侵占了散邑，最后失败，要赔偿散国土地，然后丈量从哪到哪，要丈量土地，有山、有川、有陆、有树，从哪算一段、从哪到哪都有很详细的记载，而且在丈量、移交土地的时候都有双方的大臣在旁边作证，还有史官把这件事情记录在盘子上，里头有很多很多职官的人名，还有很多具体的丈量土地的方法，价值很高，台北故宫把它放在镇馆第一宝。所以从土地买卖的这些情况可以看到周王的"普天之下莫非王土"慢慢地就瓦解了，也可以看到封建社会土地从国有到私有的发展演变过程从西周中期就已经开始了，所以这些内容和价值确实是很高的。

　　研究西周铜器铭文对研究政治、经济、文化、书法、艺术、社会生活，还有青铜器本身的分期断代，价值都是相当高的。今天讲了些基础的理念和学习的方法，讲了铭文的一些主要内容，总的来讲，它是中华民族珍贵的文化遗产，也是世界的瑰宝。

（讲座时间：2011年5月）

张淑芬

宫廷文房清供

张淑芬,女,1939 年出生,祖籍广东省番禺市。1966 年毕业于中央美术学院美术史美术理论系。1973 年分配到故宫博物院工作,先后在保管部、业务部、陈列部、古器物部从事竹木牙角、文房清供等杂项的研究及陈列展览工作。1989—1992 年任古器物部工艺美术组组长。现为故宫博物院研究馆员,被北京市政府聘为北京市文史馆终身馆员。

　　曾先后赴河南洛阳龙门石窟考察并绘图实习,赴广东佛山、增城等地参与考古发掘及研究工作。主持、参与院各类陈列、展览几十项。参加《国宝》《故宫博物院藏文房四宝》《中华文物精华》《日本文房四宝》等大型图册的编写工作。编著有《文房四宝鉴赏与收藏》《故宫博物院藏文物珍品全集·文房四宝》(两卷)《张淑芬说杂项收藏》《中国美术分类全集》之《中国文房四宝全集》等。

大家上午好！今天有幸来到"文津讲坛"，与广大的听众和爱好者进行交流，特别是在文房清供这个专业上，我觉得非常高兴。

　　文房清供是中国传统文房里的辅助用具，是一种泛称，因为有多种精美的工艺造型而被称为"文玩"。文房用具与笔墨纸砚构成了文人书房中笔耕丹青不可缺少的器物，体现了文人书房中琴棋书画的情趣，是前人为我们留下的极其宝贵的文化遗产。现在，有些著名的文房用具已被评为非物质文化遗产，安徽的宣城还被视为文房四宝之乡。

　　这些自汉代以来遗留下来的文房清供工艺精湛、种类繁多、用途广泛，有砚滴、砚屏、水丞、水注、笔洗、墨盒、墨床、镇纸、笔筒、笔插、笔架、笔匣、笔掭、臂搁、裁刀、印章、印盒、印泥等，包罗万象、琳琅满目，构成了一个绚丽多彩、品味高雅的艺术世界。文房清供的制作工艺非常繁复，利用的材质也是极其多样，如玉、石、金、银、铜、铁、漆器、珐琅、陶瓷、玻璃器、竹、木、牙、角、匏等，无所不有。

　　文房清供的历史非常久远。殷商时代就出现了玉制调色器，湖北江陵凤凰山西汉墓出土过这种调色器。公元184年，在纸还没有出现的时候，竹简上已经出现了手工业匠人名字的记载，他们所用的工具，像裁刀、刻刀，已经在四川出土。此外，出现了玉和铜的水注、笔洗、砚滴等，造型生动传神，显示了粗犷豪迈的艺术风格。

魏晋南北朝时期，由于战乱较多，文人避世，专心工艺，是我国文化艺术发展的重要阶段。文房清供方面出现了一些水丞、镇纸、笔筒、臂搁。随着陶瓷的出现，出土文物中已经有青釉的水注、砚滴、水丞、笔筒，造型古朴，胎质坚硬，釉色莹润，纯净如碧。南朝梁简文帝萧纲的《咏笔格》，描述了文房的材质、用途、工艺，还说明了它陈设和摆放的位置。宋代诗人魏了翁曾题诗《次韵薛秘书见遗玉臂格谢书则堂匾额》。明屠隆《文具雅编》是这样记载臂格的："有以长样古玉璏为之者，近以玉碾螭文、卧蚕、梅花等样，长六七寸者。有以紫檀雕花者，有以竹雕花巧人物者……"能够制作臂格的材质有很多。

　　隋唐是我国科举制度的起源、兴起期，此时文人意识加强，书法、绘画艺术渐盛，文房用具质材的品类多样，而且更加注重文房形式、工艺、材质的设计与欣赏，以及使用的意境和品位。在崇尚华丽的唐代，在陶瓷的发展史中，已经出现了很多包括三彩釉、酱釉、黄釉、白釉烧制成的文房用具，其造型别致、色彩绚丽、匠心独具，反映了工匠们丰富的想象力和高超的技艺。

　　宋代文房用具更加丰富，它继承了晋唐成熟的制作工艺，造型独特、纹饰规整、古朴典雅。而文人雅士对文房用具的美的追求，更是使其造型奇巧，不仅拓展了其实用价值，更提升了其收藏价值。南宋的赵希鹄是我国历史上第一个将文房清供整理出书的人，他有一本书叫《洞天清禄集》，其中包括"古琴辨"、"古砚辨"、"古钟鼎彝器辨"、"怪石辨"、"笔格辨"等十几个门类，将文房清供传承的历史做了一个总结。在这部书中，我们可以看到他描述了一个理想的文人书房，精辟地道出了文房清供的审美功用。南宋的林洪也出了一本书，叫《文房图赞》，他把文房用具划作18个人，封为各种官,并为文赞,有"水中丞"等记载。南宋时期,由于帝王的追求,在重视文房、重视书法绘画的过程中,文房清供、笔墨纸砚四宝的发展达到一个兴盛期。

元代是一个多元文化相融的时期,汉文化与草原文化交融,世俗风尚与文人志趣相融,使元代的文房清供在造型上更加丰富多彩,工艺百花齐放,不断创新,融合了各种艺术技法于一体,并且出现了一些诸如《续文房图赞》这样的书籍,充实了文人对文房用具的整理总结和研究。也就是说,元代虽然是少数民族执政,但它促成了汉文化、草原文化的交融,在这个时期,文房清供不断地创新发展,并且有相关著作出现。

经过了宋元的普及与拓展,文房清供在明中叶以后进入了一个蓬勃发展期。由于明代政治相对稳定,手工业、商业的发展,经济的发达,科举制度的鼎盛,文人阶层的扩大,使得人们对文房清供的需求增强。此时文房清供的材质更为广泛,形制追求轻、奇、古、深或效法古物,以古取今或取以自然。又因民间匠人社会地位的提高,使他们表现了极大的创造力,著名工匠们创造的文房之器身价百倍,成为世人争相收藏的文玩。而皇帝、宫廷重视文房清供的收藏和创造,文人雅士们讲究装修、装饰与艺术性,更使得文房清供的收藏成为一种时尚。明代文人雅士著书立说也非常多,对文房清供的兴起起到推波助澜的作用。明中期王佐增补了《格古要论》,该书共 13 卷,涉及很多文房清供的质材、鉴赏、造型和一些制作方法,并从鉴赏的角度对文房清供进行了论述。《遵生八笺》则罗列了民间、宫廷收藏的琴棋书画、盆景等,介绍其质材、用途、造型、技法等,共 20 多种项目,涉及 45 种常用的文房清供。另外,由于文人细致的文化生活的影响,明代皇室书房的装饰与文房的鉴赏也达到极盛,文房清供由一个文人的自娱自乐品变成御用品,被宫廷陈列、收藏和使用。

明中叶以后，从宫廷到民间，文房清供在文人书房中已不可缺少，达到其发展的顶峰。明中期以后，以陶瓷为例，各种技法，包括斗彩、颜色釉、青花釉里红、五彩，所有这些陶瓷的技法、造型在文房清供中都有很多，玉石材质的文房清供也发现很多。

为什么文房清供在文房中显示、创造出它前所未有的辉煌？因为文房清供是宫廷和文人所用的器物，它与笔墨纸砚配合在文人书房中是不可缺少的器物，并且这些都是经过宫廷或文人精心设计制作，这些器物在收藏的有序流传过程中形成了它的稀少性甚至唯一性，可以说是孤品。文人创造的文房清供在传承中不可能像画家一生可能创造百幅作品一样，比如苏东坡、岳飞、纪晓岚使用过的砚台不会有很多，可能是孤品，就一方。所以我认为，今天我们对文房清供的收藏和认识还远远不够，应该提升它在我们中华民族传承中的地位和大家的认知度，因为它是我们中华民族独有的文书工具，这些文书工具的创造加上与笔墨纸砚的共同使用，创造了我们中华民族东方的审美，并且它是我们唯一的、独特的、稀少的，并且大部分是孤品的传承。

这些器物传承到今天，使大家在收藏的过程中能够看到它的美。而在给我们美的享受外，更多的还有它传承的文化内涵。这些东西包罗万象、琳琅满目，使我们中国的书法、绘画别具一格，所以我们应该特别注重笔墨纸砚、文房清供的传承，它带给我们的文化内涵是非常丰富的。我们的非物质文化遗产传承到今天，我们中华民族的东西不要丢掉，使它能够为子孙传承下去，为子子孙孙永远保用，这是我们的社会责任。我想在讲这堂课的时候把这个文化信息和我的追求、信仰传达给大家。

下面我想讲讲笔墨纸砚，它与这些文房清供的传承，特别是在宫廷中如何传承的。

我们中国是世界上著名的文明古国,中国古代先民为人类文明的进步作出过巨大的贡献,在世界文明发展史中写下了许多光辉的篇章,笔墨纸砚这四种书写工具的发明和运用便是其中之一,它们是中国传统文化的象征,也是世界文化科学史的灿烂明珠,享有"文房四宝"的美誉。

战国至汉代,笔墨纸砚相继出现,它们因应用而产生,又汇聚在应用之中,相互影响,相互促进,伴随社会文化的发展不断进步和变化,应用与审美相结合,自然与人工美相结合,日益完善,呈现出不同时代的特色和地方风格,光照古今、惠及万代。

我们说文房四宝享誉世界,原因就在于它们在我们的文化传承中体现了中国传统的审美观天人合一。天人合一这个审美在东方和西方的分别非常清晰。在西方国家,遇到一个宝石,他可能不再进行一些雕刻,而就把这石头摆在那,不再继续研究和进一步把我们人的追求、情感、鉴赏表现在这个石头上;而我们中国的审美观点就是天人合一,我们要把这块美石经过创造大师一段时间的创作,完成他的构图、雕工、艺术,把自然美和人工美结合在这块宝石上。包括玉器、书法、绘画等,都是人对大自然的感悟、欣赏和鉴赏,把他们自己的灵感抒发到书法、绘画、宝石等艺术品当中。这种文化内涵是我们中华民族独有的,构成了我们五千多年的不间断的文化历史,所以在这一点上,感到了我们的文化,就感到了我们的自豪。

先给大家讲一下纸。纸是我国古代四大发明之一,它以植物纤维质作为书写材料,距今已有两千年以上的历史。原来认为东汉蔡侯纸是早期的纸,根据考古的不断发掘,发现西汉的实物——像西安的灞桥纸、甘肃出土的地图纸等等,都比东汉的蔡侯纸要早得多，所以，蔡侯纸只是改良了造纸，是更加精工成熟的书法纸。并且在公元 4 世纪，中国的纸就传入了欧亚一些国家，推动了世界文明的进步。所以对世界文明、文化的进步，我们作了很大的贡献，发挥了重大作用，这是全世界不可否认的。

以麻为主要原料的麻纸从汉到唐一直延续，并不断地创新、改进和提高。比如敦煌留下的极具科学研究价值的书画资料就是用麻纸来做的。魏晋以后各地用一些檀、竹子、桑、草等材料造纸。唐代的硬黄纸、宋代的金纸都是用植物纤维做成的。宣纸的最大特点是不腐、不被虫蛀，可以纸寿千年。宣纸产在安徽宣州泾县一带，安徽泾县的造纸使用当地黄山一带生长的青檀树，还有本地区的沙田稻草，加上一些化学的技术，然后经历一年的自然漂白，再经过泾县两条溪水，一条溪水含酸，一条溪水含碱，酸碱融合，从而生产出千年流传至今的不断创新发展的中国独有的宣纸。魏晋南北朝一直到宋，这种染黄纸极为盛行，敦煌石室写经大部分是这种纸，说明我国纸的染色防虫工艺有很悠久的历史。隋唐造纸是全盛时期。书法用纸中所称的"纸中之王"便是这时产生和兴盛起来的。宋代造纸资源丰富，造纸业迅速发展，各地出现了许多不同的纸张，像南方的竹、北方的桑。比如我国著名的画家张大千所用的笔和宣纸产自四川嘉江，他创立了家乡的竹纸，还创立了国画纸生产厂，以竹子为原料，用竹子纤维造成国画纸，与泾县的宣纸原料不同，所以我们的国画纸不单单产自泾县，但是泾县确实生产了优质的宣纸，它和嘉江的国画纸一直流传到今。明清时期，宣纸的制作技艺和品种、产量都达到前所未有的高度。在宣纸制作过程中采用了加胶、加矾、脱浆、染色、涂蜡、描金银、砑光、印花等工艺，所以在明清的一些纸张中，纸已不单单是一种宣纸，宣纸已经不是单单书法绘画的一种单一的、赭色的、泛黄的纸,而是加了很多原料的笺纸,这个笺纸就有描金银、压花、描花、印花等。由于时代久远,纸张在所有博物馆中的陈列都是空项。不过在历史和传承中可能都会看到笺纸,它是宣纸经过了多种艺术的加工,并且加色、描金,这种纸可以揭层。这些东西展览很难,但是从故宫博物院和一些博物馆所收藏的绘画、书法中,我们会看到纸墨笔砚、文房清供所产生的功用和实用价值。

鸦片战争以后,以宣纸为代表的各种书法笺,由于政治的不稳定,在文房领域中,特别是歙县的文房四宝中,有所下滑、停止和衰落。1949年以后又得以发展。今天宣纸的生产技能、质量、品种已远远超过了以往任何一个朝代。有北宣南千之说,还有四川夹江纸,这些都是现在著名的书画纸。当然,现在我们的书画纸还有一些缺陷。如果我们到故宫博物院的库房,就可以看到我们中华民族最优秀的纸张的发展脉络。从唐宋的写经纸到硬黄纸,再到清代、民国时期所用的宣纸,包括当时比较大的丈二匹,还有一些加工、加料的特殊宣纸,像洒金纸,片状的、金星状的,加层的、剔透纹饰的等等,由于在历史传承中有滞后和断档,有些品种我们今天还是不能够制造出来。现在我们也都在攻关,以继承我们古代优秀的纸张,使之为我们的文化艺术服务,使我们的文化传承更丰富一些。

下面再讲一讲墨。墨作为一种书法用的颜料,在商周以前就开始使用,湖北云梦山秦墓出土的是我们国家最早的人工形的墨。汉代墨已经成块了,在东汉就发现了有墨模的记载。墨怎么成形的?歙县的墨是用了黄山最好的松树,将松烟烧成烟料与胶合成,在胶和烟混合成墨的过程中还要加入自然的麝香、牛黄、虎胆、熊胆、名贵的冰片等名贵的中药材,和成黑黑的一团,然后把它打成面团样,经过打、摔,使其分子结合得非常紧密、细腻,没有颗粒,再把墨团放在墨模上。墨模是用当地的石楠木制成的,石楠木是一种乔灌木,这种乔灌木不变色、不变形,因为墨块是潮的;把墨块搁在石楠木的墨模子上,如果在宫廷里,就由宫廷画家设计、宫廷雕刻大师雕刻墨模,然后再把墨团放在墨模上,使之自然干裂成形,成为墨。在墨当中我们可以描金、彩绘,但不是化学颜料也不是化学金,全是用金箔和矿物质的颜色涂在墨上,使我们的墨更加美观生辉,最后就达到了明清顶峰时期有些墨已脱离了实用,而成为广大宫廷、民间的馈赠礼品。

三国魏晋时候,有一个西安人叫韦诞,字仲将,他工书法,善制墨,所做的墨叫"仲将墨"。我国的墨业中心原来在河北易县,后来由于北方的战乱移到了安徽歙县。安徽歙县是一个内陆地,较少战乱,又拥有绝佳的自然资源,比如丰富的树木资源可以生产非常优质的烟灰,所以,河北易水墨工就转移到了安徽宣城去制墨,南北朝以后,墨业中心就移到了南方歙县。

唐代制墨业已经空前兴盛,制作非常精良,名工辈出。唐后期,河北易水有一个人叫奚超,从河北流落到歙县。其子廷珪以黄山的松烟为原料,改进和胶、捣松等工艺,生产出的墨光辉如漆、细腻如玉,得到了南唐后主李煜的赏识,并被赐国姓李氏,封为墨务官,李墨从此名扬天下。到宋代,李墨更是天下第一品,有"黄金易得,李墨难求"的美誉。

大家都知道,徽商是非常发达的,徽商挣钱回到家乡以后,非常注重发展文化,重视文房四宝、文房清供的发展。在这个地区,文房四宝、笔墨纸砚的地理资源与深厚的文化底蕴相结合,使徽州的墨业得到空前的发展。歙县原来叫歙州,宋徽宗宣和三年改称徽州,徽墨实际就是歙县所生产的墨。这一地区包括休宁、婺源、祁门、绩溪这些县,是歙州、徽州的产墨基地。徽墨业当时是一种小手工作坊性质,家家户户制墨,最后成为全国有名的制墨基地。当时也出现了很多有名的制墨家,如张遇、潘谷等。合肥曾出土过一个北宋的墓葬,其中便发现了徽州黄山张谷所制的墨,现在藏在安徽省博物馆。

明代制墨的中心仍在徽州,且尤以歙、休、婺三个地区为盛,形成了歙派、休派、婺派三大制墨派别。歙县制墨的特点是俊雅大方、香料考究,多出贡墨及名流托造墨,制墨家以程君房、方于鲁、罗小华为代表。罗小华制墨是"坚如石,纹如犀,黑如漆,一螺值万钱",说明当时他制的墨价位已经很高了;书法家董其昌这样评价程君房:"百年之后无君房而有君房之墨,千年之后无君房之墨而有君房之名";而方于鲁所制墨被称为"前无古人之佳作"。宫廷御墨包括贡墨在近两年内通过拍卖市场为大家所认识,并且也拍到上百万,近两年来,大家不单单只是追求陶瓷和绘画这样的文房遗产,而更重视产生陶瓷和书法绘画的实用工具,这些稀少的艺术品已经被大家所逐渐认识和认可。休宁派多是实践经验非常丰富的墨工,他们造墨的特点是华丽精致,多饰以集锦彩,包以漆皮,尤喜造集锦墨。不同造型、不同颜色、不同题材的墨品配在一套里面,且超过了两种,这套墨就称为集锦墨。从一块单墨发展到集锦墨是清朝以后休宁派所创制的,这种成套的丛墨集中、全面地表现了徽墨绚丽多彩的艺术风格。套墨的雕工精湛、装饰华美,集绘画、书法、雕刻、墨法、漆器、镶嵌、装帧等多种技艺于一体,具有浓厚的装饰性、观赏性,成为别具一格的高雅艺术品。还有一个是婺源派。婺源原来属于歙州,在宋代属徽州管辖,新中国成立后划归为江西。

婺源现在也生产墨，也生产砚。婺源派的代表人物是詹氏。婺源造墨的特点是朴实少文，墨上没有什么文字记载，也没有什么华丽的设计，但是价格适中，多具民间艺术风格。它代表的是民间艺人创作的实用墨，为民众所欢迎，当然也不乏精品，故宫博物院即有收藏。

清代，徽墨制造业达到一个新的高峰，出现了四大制墨名家——曹素功、汪近圣、汪节庵、胡开文。他们采前人之长，各有所创，嘉庆以前，这四大家名重一时，道光以后，休宁的胡开文后来居上，并且传承至今天。

明清墨模雕刻尤为精致，为绝妙的木刻佳作。但明代墨模和清代墨模有所区别，明代墨模浑朴雄健，与其时的书法、绘画同流，因为它们都是书画家设计的；清代墨模功力圆稳。古代的墨模大部分已经不存在了，但有幸的是博物馆还有藏，民间也还有一点。

下面我讲笔。故宫里保存了大量的宫廷御笔和贡笔，保存了大量的漆杆笔。因为毛笔也不易保存，明清制笔大部分是馈赠礼品，所以能保留到现在。明清时期，笔头主要有三种造型。一种是葫芦形，上窄下宽；还有一种兰花头，玉兰花在含苞欲放的时候曲线非常漂亮，兰花头就是这种形状的；另外就是竹笋似的笔头，下边非常浑厚，上边很尖，就像竹笋刚刚从地里冒出来的时候的样子。笔杆包罗万象，不管是陶的、石的、玉的、铜的、铁的、珐琅的、玻璃的、象牙、名贵木材、玳瑁的都可以做上好的笔杆。笔杆上体现了各种工艺水平的制法，包括镶嵌、书法、绘画、雕刻等。所以，在看来直径很小的一支笔上，书法家、绘画家和雕刻家能够让我们体会到它们的艺术神韵。我们使用的笔毫有羊毫、狼毫、貂毫、马鬃、猪鬃、马毫、鹅毛等。笔的用毫不同，硬软不同，所扎成的笔也不同。这种不同的笔头和软硬不同的情况，要求扎成的笔头要有"尖、齐、圆、健"四个特点,这样才能算是佳笔。书法和绘画是不同人用不同的书写工具所创造的文化品类,比如说陆机的《平复帖》,他的字一定不是长锋笔,是短锋、硬锋笔,行书、草书、隶书、楷书,都是用不同的笔来实现这样的书法特点。如果说没有长锋笔、中锋笔,行书从顿到捺的所有笔画是出不来的。所以,用各种不同的毛、做出各种不同的笔头是伴随应用而产生的,根据实用发展、创新,不断与时俱进,笔、墨、纸、砚全是这样发展的。

所谓"尖、齐、圆、健","尖"指的是锋颖,笔头叫锋,锋颖尖利而不开叉。笔头搁在水里,散开了一定是齐的,然后一提,笔头的上部和下部,像竹笋似的。好笔头和笔毛一定是锋颖尖利,有尖不秃。"齐",则指锋笔整齐,散开了锋笔要整齐,顶锋饱满浑厚,不能够秃、散。"圆",锋颖圆润,运转如意。"健"是健劲耐用。大部分笔都是兼毫笔,两种毫以上所组成的笔毫叫做兼毫笔。一只佳笔、好笔一定要达到"尖、齐、圆、健"。

另外就是砚台。著名的四大名砚是端砚、歙砚、洮砚和澄泥砚,还有一种红丝砚,红丝砚在唐以前是四大名砚之一,由于它矿藏滞后,停留开发,所以澄泥砚挤进了四大名砚。还有一种东北长白山的松花石砚,也是清代的宫廷御用砚。松花石砚出产在清朝的发祥地,由官方开采、运输,直接押运到宫廷,到宫廷有砚作,再经大师设计、皇帝批准、大师雕刻,流传在民间的很少。这样的御用砚在台北故宫保存有100多方,在北京故宫保存了80多方。端石产在广东,歙砚产在安徽歙县,洮河石产在甘肃省临潭县,澄泥山西、山东都有。另外,我们在王四营兴伟石文化艺术中心砚文化展览馆成立了"聚砚斋",希望通过这样一个平台和广大的文房清供和文房收藏者,特别是砚台的收藏爱好者在一起聚砚,进行交流和研究,也希望大家关注砚文化和文房四宝文化的发展。谢谢大家,今天的演讲就到这里。

(讲座时间:2011 年 7 月)